ただそうあるだけ

“彼”が教えてくれたこと

金森将

ナチュラルスピリット

目次

奇妙な感覚　3
うつ　7
少年　15
予期せぬ展開　29
個人は存在しない　47
強い反発　59
幸福なるもの　68
夢を持つこと　78

胸に残る言葉　89
花と人間　106
本来の自分　117
いまある現れだけ　130
実在と影　144
完成されたもの　153
回線　173
追伸　183
あとがき　184

奇妙な感覚

　これから話す彼との会話は、もし時間というものを当てにするのなら、一年以上も前のことになるし、会話を交わした期間について言うならば、ひと月あまりの月日が流れたことになる。だが、実際にそのような月日があったのか、正直なところ、いまの私にははっきりと言い切ることができない。もしかしたら、一瞬の空白のあいだに起きたことのようにも思える。

　それだけではない。私は漠然と彼との会話が過去に起きたことだと思っているが、それもほんとうは違っていて、ひょっとしたら、これから起きることなのではないだろうか、などと考えたりもしているのだ。馬鹿げたことに聞こえるかもしれないが、そう思えてしまうものは仕方ない。さらに言うと、そもそも自分はこれまでほんとうに何十年も生きてきたのだろうか、とさえ思いはじめている。

ただこれは時空が歪んでいるとか、そんなたいそうなことを言っているのではない。単に私の頭の回線が、どこかで迷子になっているだけなのだろうと思う。

実際の話、六年近くも、私の脳の回線は正常な働きを拒み、精神にはうつうつたる反応をさせる信号を送りつづけ、体には至るところに不調を生じさせる信号を見境なく送りつづけていたのだ。

いまはその回線の異常は修復され、どうにか正常に働くようにはなったが、時間の経過へのおかしな感覚は、その名残なのか、はたまたほんとうはまだ回線が修復されきっていないということなのか、その辺りのことは判断のしようもないが、いずれにせよ、時間に関する感覚がどうも怪しいのだ。

以前の私には――というか誰でもそうだろうが――明確に時間の流れというものがあって、そのなかに、いまという点のようなものがあり、その点を基準にして、その手前が過去、先が未来という図式があった。ところが、その点自体がはっきりしないのだ。ないようにも思えるし、あっちこっちどこにでもあるようにも思える。

想像がつくだろうか。いまという点が不明確になってしまうと、過去や未来の判別がつかない。規則正しく流れていく時間の経過というものがあるのかないのか、それがわからないのだ。

人生をテーマにした双六《すごろく》ゲームが目の前にあるとする。一つひとつのマス目にはさまざまな出来事が書かれている。ふつうは、このどこかのマス目に自分の駒がある。過ぎたマス目が過去、これから通るだろうマス目が未来だ。ところが、自分の駒がどこにも見当たらないのだ。反対に、どのマス目にもいるような気もする。すると、順番にすすんでいくというゲーム自体が成り立たない。双六ゲームそのものが、ただそこにあるだけになってしまうのだ。さらに言えば、過去も未来もすべてが同時に存在しているということにもなる。あり得ないことだ。

こんな感覚が現れてくるのは、彼から聞いた、理解を超えたたくさんの話のせいだ……としかいまの私には考えられないのだが、それをもし彼に言えば、彼はたいそうおかしそうに笑うか、呆れ顔でため息をつきながら、こんなふうに言うに決まっている。

「ボクが何かを話してもないし、キミがそれを聞いたのでもないよ。それっぽく見えてるだけだって、何回も言ってることだよ」

こんなことを言われたところで私に理解などできるはずもない。彼がしたさまざまな話を、実際のところ、私はほとんど理解できていないと言っていいだろう。だが、そんなことはどうだってかまいやしない。

それよりも何よりも私が驚いているのは、いま自分が理由も根拠もなしに正体不明の軽さのなかにいるということだ。

たしかに一年ほど前、六年近くつづいた蟻《あり》地獄のようなうつうつたる日々から抜け出した。当然その軽さはある。だが、それとは明らかに異なる軽さがあるのだ。実際、いま私は大きな問題を抱えている。それもどこか軽い。ふつうであれば、絶対にあるだろう深刻さのようなものまでが姿を見せないのだ。

すべてが軽い。うまく言葉にはできないが、心配も不安も、期待も希望も、喜びも悲しみも、すべてが風船のように軽い。妙にさばさばした気分とでも言えばいいだろうか。

さらに不思議なことに、いまこうあることが、なぜか自然な成り行きだったように思えてならないのだ。これもきっと彼が言うように、すべてがただ起きているだけなのだろう。何の意味もなく、何の理由もなく、誰がやっているのでもなく。

私には疑問だらけだが。

まずは、一年二か月前に戻って、そこから話をはじめていこう。

うつ

空は青く高く広い。もし自由に飛び回れたら、どれほど気持ちがいいだろうか。ほんのひとときそんな空想にふける。だが、その直後にはこう思うのだ。自由に飛び回り、それを謳歌するのは私以外の者だ。たとえもし私が空に舞い上がったとしても、私の場合は、すぐさま何かに捕らえられ地上に引き戻され、また重い鎖につながれるに決まっている。どこへ行こうと何をしようと、どうせ何も変わりはしないのだ。

どうにもやり切れない泥のようなだるさ。どれだけとどめようと試みても、無為に失われていく一切のものごとへの関心と意欲。入れ替わりに現出する痺れるような喪失感。そして、消えることのない虚無感と自己嫌悪。深く暗い、出口の見えないトンネルのなかで、私はすでにもがくことさえ忘れた日々を送っている。もう五年以上になる。

こんな状態になる前の私は、幼い頃からずっと、そして社会に出てからも、つねに何かに夢中になっているか、遊んでいるか、寝ているか、おおかたそのような人生を送ってきた。

三〇代半ばで小さな事業を興してからは、一経営者として、自ら掲げた夢と目標に向かってがむしゃらに走ってきた。私のモットーは、信念と行動。ゆらぐことのない信念に裏付けられた大量行動が結果を生む、それを疑ったことなどなかった。どれだけ多くの行動を起こせるか、仕事にどれだけ多くの時間を費やせるか、それがすべて。

効率などというものは考えたこともない。企画を二〇個仕掛けて、一つでもひっかかれば上等。そんな仕事のやり方だ。野球でいえば、打率わずか五分《ぶ》。それでいいと思っていた。だからひたすら動き回る。

休みは取っても月に一日あるかないか。気がついてみたら、一年間で三日しか休みを取らなかったなどという年もあった。そうはいっても、経営者という立場なのだから、自由な時間もあったのでは?と思う人もいるだろう。とんでもない。毎日、最低でも十四、五時間はみっちり仕事だ。

昼ごはんは五分で済ませる。外にランチを食べに行くなど論外。お昼休憩など取ったこともなかった。それでもなお足りず、許されるならもっと会社にいてあれこれやっていたい。まさに中毒と言っていいだろう。「馬車馬のように」とは、むかしの人はうまいことを言う。まさにかつての私だ。成功という人参を目の前にぶら下げられ、脇目も振らずにひた走る。

もちろん、順風満帆であるはずなどなく、力およばぬ悔しさに涙を呑んだことも一度や二度ではない。大きな挫折も味わった。実際、起業から四年で一度廃業に追い込まれ、幾ばくかの借金も背負い込んだ。じつは、会社を興す三年ほど前にも事業を立ち上げたが、二年もせずに行きづまり撤退した経験もある。

だがそれらも私にとっては、約束された成功へとつづく階段の踊り場のようなもので、ここから飛躍するためのプロローグとしか考えられなかった。つまずき転ぶたびに起き上がり、それまで以上に仕事に打ち込んだ。傍から眺めれば、世間知らずのうつけ者か、危なっかしくて仕方ない無鉄砲なやつと映っていたに違いない。「あいつはいったい何をやってんだ」と。だが、人からどう見られようと、自分で決めた道を突きすすむことしか考えもしなかったのだからどうしようもない。それが私だったのだ。

それから、本を読むことも、欠かせない重要な日課だった。ビジネス関連書と自己啓発書の類いだ。寝る時間を削ってでも読む。風呂場、トイレ、寝室、リビング、場所は選ばない。外出中も貴重な時間だ。電車やバスでの移動中はもちろんのこと、薄い本なら歩きながらでも読む。つねにメモを持ち歩き、思いついたことはすべて書きとめる。そんな生活が一〇年以上もつづいていた。

こんな私を知る誰かが、いまの私を想像などできるはずもない。ただただ無気力に時を過ごし、横になっているあいだでさえ、自分の体重を支えきれないような倦怠感のなかで、ただ漫然と心臓の鼓動だけを感じている私など。

加えて、居座ったまま消えない頭痛や腰痛、ときおり襲ってくる激しい胃痛、食欲不振、消化不全に悩まされた。わずかのあいだに体重は激減し、何も知らずに久しぶりに訪ねてきた友人が私を見るなり、言葉を失ったまま戸惑い困惑するようすを見て、私は改めて自分がどういう状態であるかを思い知った。どれだけ取り繕った笑顔を振りまいたところで、そんなものは何の役にも立たないのだ。

ずっとあとになって妻から聞いたことだが、このときの私は、ただ痩せていただけでなく、顔には血の気がなく、精気のまったくない青白い顔色だったそうだ。そんな顔で笑ってみたところで、薄気味悪いだけだったろう。友人が言葉につまったのも当然と言える。

これ以降、私は、以前の私を知る者に会わないよう、少しでも会う可能性のある場所には出向かないことを徹底した。誰にどう思われようと一切おかまいなしという、ひたすら我が道を突っ走っていた過去の私はどこにもいない。セメントを満載したミキサー車のように、いつでもどこへでも重たい思考を持ち運び、ぐるぐると際限なくこね回しつづける。その終着場所は、つねに悲観の嵐と決まっている。

すべてに見放されたような将来への不安や苛立ちは、この時期に使っていた手帳に殴り書きされた乱れた文字や、いかにも苦しげな文言がそれを見事に表している。

消えてしまいたい。なぜ自分がこんな目に遭わなければならないのか。子供の頃に帰りたい。症状がまた悪化した。頭が痛い、腰が痛い、首の痛みがひどくなった。片目がちゃんと閉じなくなった。ごはんが何の味もしない。食べられない――。

そして、自己否定の言葉が延々とつづいていく。

それでも、たまに精神状態が幾分いい日があったりもし、四、五日調子のいい状態がつづくこともあるにはあった。はじめのうちは、そんないい状態が少しでもつづくと、「もしかしたら回復の兆候ではないか」などと期待を膨らませたりもしたが、その直後に激しい落ち込みに引き戻されるという経験を何度もしていた。たしかに、出口の見えない暗闇のなかにとどまったままでいるのはつらい。だが、一瞬、光を見せられたあとの暗闇は、それまで以上の暗さをつくり出す。それは絶望という名がふさわしい。私がこの世から消えてしまいたいと思い、その手立てについて考えたり、実際に、ここから飛び降りればすべてが終わる、という状況にまで陥ったりしたのは、そんな絶望の底に引きずり込まれたときだった。

ある日の明け方近く、ベッドに横たわり天井を仰いだまま、まんじりともせず眠れぬ時間を過ごすなかで、自分がこの世から消えるということは、いまこうして横にいる妻に、声さえかけられなくなることなのだと思うなり、急にたまらない切なさに襲われ、妻の寝顔をしみじみ見つめ直したときのことが思い返される。

このようなことも、あとになって、いいようにとらえれば、生き方への一つの警告であり、すべてを見つめ直すまたとない機会だったと言えなくもない。だが、このときの私にまさかそんな考えが浮かぶはずもない。

このような状況のなかで、私はほぼ毎日、家からほど近い小さな公園で、ただぼうっと時間を過ごした。目の前で繰り広げられるなんということもない日常の光景を、眺めるともなく眺めていた。犬を連れて立ち話をする人たち、声を張り上げて遊び回る子供たち、ベンチでお弁当を食べる人、地面を右に左に忙しく歩き回る蟻《あり》、道路を行き交う車やバスやバイクや自転車。空をゆったり流れる雲……。

公園の脇には、そうだと知らされなければ自然の川としか思えない、両岸に草木が生い茂る人工の小川があり、透明度の高い水には、元気なメダカの姿も見える。前に、けっこうな大きさのカメを見たが、いつのまにか姿を見なくなった。五月、六月には、毎年、カルガモがやってくる。シラサギも何度か目にしたことがある。幼い頃、家のすぐ近くを流れていた小川で、膝まで浸かって川底の泥を両手で掘り返しては、ザリガニを取ったことを思い出す。だが、さすがにここにはザリガニはいないだろう。

公園にとくに思い入れがあったわけではない。外で時間を潰せる場所が欲しかっただけだ。家にいるとどうしても落ちつけなかった。家族は、やさしすぎるほどにやさしい。だが、まるで腫れ物にでもさわるような気遣いが、私には、自分をさらに責める材料にしかならなかったからだ。

自分が家にいることで、家族に要らぬ重さや緊張を与えてしまっていることを考えたときに、私ができるだけ外で時間を過ごすことが、まさかその程度のことで免罪されるなどと思っていたわけではないが、私が家族に対してできるせめてものの贖罪でもあったのだ。

こんな日々のなかで、私は彼と出会った。

少年

じっとりと湿った風がかすかになびく梅雨の入り口だった。いつものように公園に着いた私は、いつもの木のベンチで、いつもと同じようにぼんやりしていた。もちろん、いつもの暗い気分のままで。すべてがいつも通り。

だが、そのいつものようすは、思いもよらぬ存在の出現によって壊された。

突然、目の前に私の上半身をすっぽり包むほどの、真っ白い楕円形の空間が現れたのだ。よく見れば空間というか映画のスクリーンのようでもある。ぽっかり宙に浮いている。

私は思わず辺りを見回し、強く目をつぶってからもう一度見直した。だが、それは消えずにまだあった。改めて見直すと、白いスクリーンの淵はぼやけて、公園の景色と混ざりあってにじんでいる。状況を飲み込めないまま目を奪われていると、スクリーンにどこかの公園らしき場所が映り込んだ。私がいまいるこの公園ではない。その映像は、全体に薄く霧がかかったように、わずかに白くかすんでいた。

するとそこに、丸い平らな石の上に元気なく腰を下ろし、がっくりうなだれた少年が浮かび上がった。決して痩せすぎてはいないが、どちらかといえば痩せっぽちの部類に入る体つき。襟ぐりの伸びきったクリーム色のティーシャツと深緑色の半ズボンといういでたちに、履き古した平べったいズックを左右反対に履いていた。

少年は、まぎれもなく小学生四年生のときの私だった。中学に入る頃には直っていたが、小学生時代、私は、体育の時間や運動をするとき以外は靴を左右反対に履いていた。それが妙に落ちついたのだ。

私は目の前で起きていることに、さほど驚いてはいなかった。もちろん幻覚であることはわかりきったことで、馬鹿げたことだと思いはしたが、同時にそれを排除する必要もないと思った。病のせいもあったろうと思う。気がつけば私は、引きこまれるように彼のようすにじっと見入っていた。

目の前の彼を、私が疑いなく四年生のときの私であると断定できた理由がもう一つあった。深緑色の半ズボンだ。当時、私はそれをたいへん気に入っていて、庭の物干し竿にかかっている、まだ生乾きのズボンを自分で勝手に取り、それを履いて遊びに飛び出していったものだった。そんなようすを見て、同じズボンをもう一着買わざるを得なかったと、私が高校を卒業する頃に、母が笑って語っていたことが思い出された。

そんな記憶につられて、もう一つよみがえってきたことがある。四年生という学年は私にとって大きな変化が起きた年だったことだ。このことを説明するために、私の父についても少しだけ触れておく必要がある。

私の父は、封建的とまではいかないまでも厳しい部類に入る人だった。漫画本は一切読ませてもらえなかったし、父が家にいるときは、テレビのチャンネルを勝手に変えるなどもってのほかだった。また、外で何かあったときなどに、泣いて帰ると家に入れてもらえなかった。だから、玄関の前で涙と鼻水をきれいに拭い、無理に笑い顔をつくってからドアを開けたものだった。それと、知らせなくてはいけないことがない限り、私の方から話しかけることもほとんどなかったので、父といろいろ話をしたという記憶はない。

幼稚園に入る少し前の頃だったと思うが、それまでにも何度か行ったことのある近所の友だちの家に遊びに行ったときのこと。その日仕事が休みだったのか、その子の父親が家にいたのだが、その子が父親の首にぶら下がって遊び出したのを目にしたときは衝撃だった。私には到底信じられないというか、あり得ない光景だった。

いま思うと、昭和四〇年代中頃のあの当時でもすでに失われつつあり、いまの時代ではその言葉さえ聞くこともなくなった父親の権威なるものが、我が家にはまだあったような気がしている。

それを象徴することとして、こんなことも記憶に残っている。たとえば家族で何かをしたり、どこかへ行くとき、さらには私の誕生日やクリスマスでさえ、私の希望を訊かれたことが一度たりともなかったことだ。私が家のなかで何か自分の希望を言うなど、はなから思いつきもしないことだった。すべてにおいて大人が優先であるということを自然に学ばされたようにも思う。

だが、父は怒るわけではなかった。いつも静かだった。勉強や成績について何か言われたことは皆無だったし、細かなことで父から注意を受けたことは、あるにはあったが、片手で数えられるほどしか記憶にない。それもさしたることではなかったように思う。父の厳しさは、無言の威圧のようなものだった。私にとって父は、ある種、畏敬の存在だったのだ。

このような父の絶対的とも言える権威や家の暗黙のルールなどに対して、私が不服や反発を抱いた記憶はまったくない。むしろその反対で、おそらく私は、父の厳しさのなかにいることが、何か強い力の庇護下にあることを無意識のうちに感じ取っていたのではないかと思う。どこかに安心があったのだ。間違っても心地よいものなどとは言えないが。


そんな父が、私に対して一度だけ怒りをあらわにしたことがある。

私が三年生に上がったばかりの頃だった。幼稚園の頃から兄弟のように仲よくしていた一つ年上の男の子がいた。彼にも兄弟はなく、私も一人っ子だった。そんなこともあったと思う。とにかく気が合った。その子は、生まれつき足に障害があった。飛んだり走ったりすることもできるにはできるが、やはりふつうの子のようにはいかない。みんなで野球や缶蹴りなどで遊ぶとき、私はいつもその子の代わりに走った。〝透明人間〟という役割だ。かなり足が速い部類に入った私は、彼が打ったぼてぼてのゴロでさえ、二塁打、三塁打にし、ときにはランニングホームランにして、彼にプレゼントできることもあった。

当時流行っていたローラースケートに「一度でいいから乗ってみたい」と言うその子の足に合わせて、近所の電気屋からもらってきた発泡スチロールをナイフで削って土台をつくり、細長い布切れでぐるぐる巻きにして足を固定して、滑らせてあげたこともあった。派手に転んで膝を擦りむいたりもしたが、とてもうれしそうに笑っていた。そんなことのお返しというか、学校の成績がつねに学年で一〇番以内だったその子は、私に勉強を教えてくれたものだった。私は勉強が好きではなかったが、その子の言うことは、なぜかすっと入ってくるのが不思議だった。

あるとき、何が原因だったか激しい言い合いになったことがあった。ささいなことだったろうと思う。そのとき、私は絶対に言ってはいけない言葉を口にしてしまったのだ。足のことだ。

そのことが父に伝わり、その晩おそく帰宅した父に呼ばれ、うつむいたまま父の前に立った瞬間、私の頬に、経験したことのない強烈な衝撃が走った。頬というか顔半分にわたる痺れるような疼きと、キーンと鳴ったままの左耳。私は何が起きたのかはっきりわかった。このとき父がひとことも発しなかったのをよくおぼえている。じわじわと増してくる痛みのなかで、私は人として絶対にしてはならないことをしたのだと思った。友だちを何人も呼んで家中の壁という壁にクレヨンで落書きをしたときも、放課後に軽い気持ちでやったささいないたずらが、大ごとになってしまい校長室に呼び出されたときも、そのほか、私がやらかしたことで父が怒ったことはなかった。そんな父からの唯一の叱責だった。

自ら変えることのできない何らかの弱さを持つ人々を、弱き者などとひとくくりに語るなど、思い上がりの極みだろうと思う。だが、そのような状況に置かれた人々に対する思いの絶対的な基盤のようなものが、このとき私の奥底につくられたことは間違いない。

余談だが、翌朝になって、左耳の聞こえがよくないことを、父が仕事に出かけるのを待って母に告げた。あわてた母が私を病院に連れて行き、検査をしたところ異常はなかった。このとき、もし何かしらの異常が認められたとしても、のちに私が父に恨みを抱いたりすることはなかっただろうと自信を持って言い切れる。このことだけではなく、すべてにおいて父には深い感謝しかない。だからこそ、異常がなくてよかったと心から思う。それは私自身のことではない。父が苦しんだだろうと思うからだ。

その父が、私が四年生になってすぐの頃に、東京から遠く離れた地方に土地を購入し新しい事業に乗り出した。それを境に父は、月に二度ほどしか家に帰ってこなくなったのだ。父の存在を疎ましいなどと思ったことは一度もなかったが、私が言い表しがたい開放感を味わったことに間違いはない。

加えて、私に変化を起こさせる出来事がもう一つ重なった。四年生から新しく担任になったBという若い教師だった。Bは明るくオープンで、一部の親たちからは少々頼りないという声もあったようだが、私にはこの上ない経験をもたらしてくれた。

Bは、学校はおもしろいところだということをいろいろなかたちで、文字通り体を張って私たちに教えた。そして、もっと自由に自分の意見を言うことを私たちにすすめ、しきりに口にした。私は三年生まで、なかなかの引っ込み思案で、いつも誰かの陰に隠れているような子供だったのだが、Bに引きずられるようにして、いつしか開けっぴろげな少年になっていったのだ。

この時期に二つのことが見事に重なったわけだが、もしこれがどちらか一方だけだったら、当時、私に起きた変化はまったく違ったものになっていただろうし、もっと言えば、いまの私はいなかっただろうと思うと、人との出会いや、起きる出来事との妙味のようなものを感じざるを得ない。

こののち、ある程度の年齢になるまでつづいた私の、見境なきいたずら心が開花し、その活動が本格的にはじまったのが、まさに四年生の頃からだったのだ。私の華やかなりし時代のはじまりだったと言ってもいいだろう。その記憶の映像がいま目の前に現れているのだ。


そんな時代の、私の記憶のなかでは元気で快活なイメージしかない過去の私が、いまは元気なくうなだれている。私は何をどうしたらいいかわからぬまま彼を見つめるだけだった。時間だけが過ぎ、気がつけばスクリーンは跡形もなく消えていた。いったい何だったのだろうと思いながらも、根っからこういったことに関心を持たない私は、さして気にかけることもなかった。

ところが、つぎの日も同じことが起きたのだ。私は同じように、ただ彼のようすを見つめていた。しばらくして消えた。はたしてそのつぎの日も起きた。やはり同じように彼は沈んだまま何かをしようとする気配もなく、肩を落とし、ただうなだれていた。

私はふと彼に話しかけてみようと思った。

「元気ないね」

もちろん声に出したのではない。頭のなかのことだ。

彼は反応しなかった。まあそうだろうな、と思いつつ、それでも、

「どうしたの？」

と訊いてみたが、やはり反応はなかった。

ところが、どれほどしてからだったろうか、彼が顔を上げた。

あ、反応した……。

前髪がつんと立った丸刈り頭。頬が少しふっくらした卵型の顔に、二重まぶたの丸い目。左の頬には一センチほどの三日月型の傷跡が見える。三年生のとき、建設会社が資材置き場に使っていた空き地で遊んでいて怪我をしたのだ。たいそう血が出て、痛さよりも流れ出る血に驚いたことをおぼえている。いまは傷跡もすっかり目立たなくなったが、このときはまだはっきりその跡が目立つ。

私は自分で声をかけたくせに、なんとも妙な気持ちになったが、すぐに思い直し、

「元気ないね、どうしたの？」

もう一度訊いた。彼は黙っていた。

そのとき私は思った。ひょっとしたら彼のようすは、いまの私の暗さをそのままに映し出しているのではないだろうか。

二日後、この仮説は証明された。

その日、めずらしく私は朝から少しだけ気分がよかった。すると、スクリーンに現れた彼は頬にかすかな笑みを浮かべていたのだ。

そういうことなのだ。彼はそのままの私なのだ。

そして、この日はじめて私たちのあいだに会話が生まれた。もちろん、頭のなかでのことだ。これは夢なのだから。白昼夢。幻覚なのだ。

私たちは、しばらくたわいもない話をした。幼稚園の頃の話や、小学校の友だちのこと、担任教師のこと、いくつかのいたずらの話と、それが見つかって叱られたときのこと。運動会の話。花火大会の話。習字コンクールの話。あんなこともあった、こんなこともあったと、ささいな、ときに馬鹿馬鹿しくも満ち足りた出来事が数珠つなぎにとめどなく出てくる。彼にとってはごく最近の、日常にある取るに足らないことでも、私にとっては記憶の底にしまわれていた懐かしい思い出ばかりだ。私は時を忘れた。

この日から、公園は単に家以外の場所という意味での存在ではなくなり、私だけの特別な場所になったのだ。

そうはいっても、会話がはずむ日ばかりではない。私の精神状態の不安定さは相変わらずで、重さとだるさを引きずった私が、うなだれた彼を無言で見つめるだけの時間を過ごすことも少なくはなかった。

そんななかでもこの日の私は、全身に闇を吸い込んでしまったような、最大級とも言える重苦しさのなかに埋もれていた。ここにくるのでさえ、鉛のつまった足を引きずるようにして、やっとの思いでたどりついたようなありさまだった。彼と会っていなかったら、ベッドから出ることさえできなかったかもしれない。

私は、へたり込むようにベンチに腰を落とした。ほどなくしてスクリーンに現れた彼は、私の状態を反映して、というか私以上に憔悴しきっているように見えた。彼は地面に座り、立てた両膝を抱えて、顔を埋《うず》めている。何度も声をかけてみたが、彼が顔を上げることはなかった。体全体で悲しみを表現しているような姿に、私はひどく胸が苦しくなった。大切な宝物が壊れかけているような、しかも、それが自分のせいなのだと思うと、いたたまれぬ胸の苦しさは、苛《さいな》まれるような息苦しさに変わっていった。

暗然とした重たい時間が流れるなか、突然、私は彼を抱き寄せたいという強い衝動に駆られた。言葉など浮かびやしない。ただ抱きしめてあげたいと思った。私は何かに突き押されるように両手を差し伸べようとした。

そのときだった。

スクリーンが消え、ふわっと何かが私に覆いかぶさるように感じた。そして、得体の知れぬ何かに胸をわしづかみにされたような強烈な感覚に襲われた。その直後、抑えきれない嗚咽とともに涙がこみ上げ、とめどなくあふれた。

わずかに遅れて、忘れられていた古い記憶が駆け上がってきた。

私が幼稚園に通いはじめたばかりのある日のことだった。母が幼稚園まで私を迎えにきたとき、何を思ったのか私は突然道路に飛び出し、車にはねられそうになった。とっさに私の腕をつかんだ母に引き戻され、私は危うく難を逃れた。

立ちすくむ私に向かって、見たこともない形相で何やら叫び、両腕で私の体を激しくゆさぶる母の顔を見ながら、このとき私が何を思っていたかなどおぼえてはいないが、ただ一つ、母の顔がみるみる歪み、その目からあふれ出た、生まれてはじめて見る大人の涙というものを、ある種の怖さにも似た驚きとともに見ていたことだけは鮮烈におぼえている。

そして、つぎの瞬間、私は母の胸に強く抱き寄せられた。そのとたん、体の奥から大粒の涙と声が堰《せき》を切って噴き出した。

不規則に波打つ母の胸から感じた何かと、たったいま私を襲った何かがぴったり重なったような気がしたのだ。突然、私を襲った不可思議な体験は、はるかむかしの記憶に折り重ねられ、あとを引く静かな余韻となって残った。

予期せぬ展開

緑廊《りょくろう》にからむ蔦《つた》の葉が、風に小さくゆれるようすをぼんやり眺めながら、私はここ何年かの暗く沈んだ日々に思いをめぐらせていた。知らず知らずのうちに深いため息が漏れる。

三〇歳を過ぎてはじめて成功というものに目覚め、そこから必死に学んできたたくさんのこと、その後、事業を興してからのあらゆる努力、それらがすべて無駄で意味のないことだったのかと考える。それとも、そのすべてに意味があって私に何かを教えているのか。この病だってそうだ。私が知るべき何かが隠されていたりするのだろうか。

「私は、どうしてこんな病気になったんだろう?」

言葉がこぼれ出た。

答えを求めていたわけではない。それはそうだろう、相手は小学生の少年なのだ。いつものたわいもない話と同じように、このときはちょっと愚痴に付き合ってもらおうと思っただけだ。私の言葉に「きっとがんばりすぎたんだよ」などと彼が言い、「そうだねえ……」などと私があいまいに答え、そしていつものようにだらだらと話がつづいていく、そんなことを勝手に想像していた。

だが、実際にはそうはならず、話は予想もしない方向にすすんだ。

「どうしてって、どういう意味？」

彼は不思議そうに首を傾げた。

「いやさ、病気にも意味があるってよく言うじゃないか。大事なことを学ぶためだとかさ」

私は軽い気持ちで言った。

すると彼は、

「ない、ない。あり得ないよ」

笑いながら言った。

「あり得ない？」

「うん、あり得ない。意味があって起こることなんてないから。それが起きるようになってるから起きるだけだよ」

「ちょっと待って。どういうこと？」

「だから、起きるようになってるから起きるだけで、起きることに意味なんてないよ、って言ってるの」

「なに、それ」

「なにそれって、そのままだけど」

彼はけろりと言い放った。

私は、彼の言う内容にも強い違和感をおぼえたが、それより何より、そもそも彼がなぜこんなふうに断言できるのか、の方が気になった。まるで自分はすべてを知っている、とでも言うようではないか。

私は、改めて彼の顔をまじまじと見つめた。

「ねえ、君は何を知ってるの？」

私が訊くと、

「ほんとうはキミが知ってるはずのこと」

彼は、それが当然のことのように言った。

「私が知ってるはずのこと？」

「そう。だって、ボクはキミだから」

「まあ、それはそうだけど……」

わからない。

私は混乱する頭を少し落ちつかせてから、

「その知ってるはずのことっていう意味がいまいちわからないんだけど」

と訊いた。

「キミ自身のことだよ」

「私自身のこと？」

「うん。だからほんとうは知ってるはずなの。知ってなきゃおかしいんだよね。自分のことなんだから」

彼は愉快そうに笑った。

ますますわからない。

「でも、いま君は、私が知らないことを言った」

「ぜんぶが意味もなく起きてるっていうこと？」

「そう。そんなこと、私は知らない」

「忘れてるだけだよ」

　言って、また笑った。

「忘れてるだけ？」

「そうだよ。じゃなきゃ、ボクが話せるはずがないもの」

　とっさに返す言葉が見当たらず、私が黙り込んでいると、

「しょうがないよ、誰もがそうだから。もしかしたら、ボクよりずっと小さい子のなかには、おぼえてる子もいるかも。でも、幼稚園に入る頃にはみんなきれいさっぱり忘れちゃうんだ」

　彼は言った。

「それは、思い出せるものなのかな」

「人にもよるね」

　そう言って一人でにこにこする彼の顔を見ていて、私は思った。

「でもさ、君は私で、私は君なわけだよね」

「そうだよ」

「ていうことはだよ、ほんとうは知っているはずのことを私は、自分に聞いて自分で答えてることになるわけだ」

「そう」

彼はうれしそうにうなずいた。

「おかしな話だね」

「うん、とってもおかしな話。でも、キミがもっといろいろ思い出したら、もっと笑っちゃうよ」

ということらしい。まあいいだろう。

それより、さっきのつづきだ。

「さっきの話、あれ、どういうこと？　いろんなことが何の意味もなく起きてるって」

「大人が大好きな人生っていうもののなかで起きることぜんぶだよ」

「人生のぜんぶ？」

「そう、ぜんぶ」

あっけらかんと言った。

「人生に意味なんてないって言うの⁉」

思わず私は声を高くした。

だって、そうではないか。人生に意味などないと言われて、はい左様でございますか、などと言える者などいやしないだろう。私とて、人間というもの、というかすべての生き物は、しょせん何かの巨大なしくみのなかで生かされ、与えられ、そして最終的にはすべて取り上げられるということを漠然とは承知しているつもりだ。だが、意味がないというのはまったく別の話だ。自分の存在そのものを切り捨てられたようで、とてもではないが素直になど受け取れない。誰だってそうだろう。

そんな私の胸の内を感じ取ったのだろう、彼は私の顔をのぞき込むようにして、

「自分は人生を少しでもよくしようとずっと努力してきたのに、よりにもよって人生に意味はないなんて、こいつはなんてことを言いやがる、なんて思ってるでしょ」

と笑って言った。

「そりゃそうだよ」

「そうじゃないんだなあ。大人は、何にでも意味があるみたいに思い込んでるんだよね。そのせいでいつも忙しく走り回ってる。ないよ、意味なんて」

私はいらっとし、

「じゃあさ、生きるってどういうことになるわけ⁉」

不機嫌に言った。

それでも彼は、

「いまキミは怒ってるけど、そういうふうに、いま怒ってることが生きてることだよ。それだけ」

などとにこにこしながら言う。私の怒りなどどこ吹く風だ。

「それだけ？」

「うん、それだけ」

彼はさらにこんなことも言った。

見えるものはつねに変わり、聞こえる音は変わり、においも変わり、感触も変わる。思考も変わりつづけ、感情も変化しつづける。悩んだり、悲しんだり、笑ったり、楽しんだり、立ち上がったり、座ったり、歩いたり、走ったり、食べたり、寝たり、話をしたり、とどまることなく変化していること、それが生きていることだと。それだけなのだと。

「でも、生きる意味とか意義とか、そういうものがあるはず」

私が反論すると、

「ないよ。もしあるように見えても、それはただの幻覚。幻覚を幻覚として遊んだり楽しんだりするのはいいけど、深刻に考えちゃうと、ちょっとね」

と笑った。

「ちょっとね、って、何がいけないんだよ」

私は噛みつくように言った。

「大切なことを見落としちゃうっていうこと」

「大切なこと？」

「そう。さっきボクが言ったこと」

彼が言うので、私は皮肉たっぷりに、

「いまこうやって話してることとか、食べたり、寝たり、悩んだり、笑ったりしてる、そんなことが大切なこと？」

乱暴に言ってやったが、彼は私の苛立ちなどまったく気にかけるようすもなく、

「そう」

となんとも楽しそうに言った。

私は言葉につまった。

すると彼は、はじめて見せるまじめな顔で、

「起きることに意味なんてないよ。ほんとうにない。なんにもね。でもね、だからって、それが冷たいとか、つまらないとか、そんなことじゃないんだ。ぜんぶがものすごくやさしくて、ものすごく大切なんだ」

私の目をじっと見つめながら言った。

ものすごくやさしくて、ものすごく大切……。

私のなかのどこかに、一瞬、小さな火が灯ったような気がした。だがその一方で、すべてに意味はないという言葉に対する怒りにも似た強い反発を感じずにはいられない。何をどう受け止めたらいいのだ。

私は思った。すべてに意味はないとは言うが、そもそも彼が私の前に現れたのは、私に何かを教えるためなのではないだろうか。ほんとうにすべてに意味はないというのなら、それも含めて。

私がそう言うと、彼は、

「違う、違う」

と弾けたように笑い、

「何かのために、なんていうことは起きてないよ。そんなことは起こり得ないもの。キミの幻覚がこんなかたちでただ現れてるだけだよ。意味とか、理由とか、目的とか、そんなことはどこにもないよ」

と軽く言った。

さらに、

「大人って、ほんとうに大切なことを見ようとしないで、意味とか理由とか、そんなことばかりを大切にするんだよね。ほかにも大切じゃないものばかり見てる」

そう言って私の顔を見つめた。

「大切じゃないものって、たとえば？」

「誰かより優れてるとか劣ってるとか、それから、お金のこととか、だね」

優れているとか劣っているというのは、まあ、そうかもしれない。だが、やはりお金は大切だろう。私がそう反論すると、

「そうかもね。それはそれでもいいんだ。ただ、それよりもっともっと大切なことがあ

るのを忘れちゃうからだめなんだよ、大人は」

と彼は呆れた顔をしてみせた。

それから彼は、あらゆることが、ただあるべきように起きているのだと言った。そのなかで、すべての存在がそれぞれの役割に沿って活動していく。それは単純すぎるほど単純なしくみで動いている。それなのに、大人はいろいろな理屈を持ち出してきて、自分で勝手にむずかしく考えては、不安になったり困ったりしていると彼は言うのだ。

さらに、

「キミはベッドに入ったら、そのうち眠くなって眠る。すぐに眠れたり、なかなか眠れなかったり、夢を見たり見なかったりして、そのうちに朝がくるんだ。そして、朝、起きたら、なんにもしないでぼんやりしたり、何かに一生懸命になったり、努力をしてみたり、しなかったりして、そうして夢がかなったり、かなわなかったり、楽しいことがあったり、悲しいことがあったりしながら勝手にすすんでいく。キミはそのことに流されていくだけだよ。雲のかたちをキミが決めてる？　風が吹いたり止んだりすることをキミが決めてる？　決めてないよね。ぜんぶ、キミの考えなんてなしにすすんでいくんだ。ぜんぶがそうなってるよ」

と言った。

聞きながら、「君は私がいまどれだけひっ迫しているか知らない。それに、そんな考えじゃ社会のなかで生きてなんていけない」と喉もとまで出かけたが、それをそのまま口にするのは、いかにも子供じみた反発のように感じ、

「そんなふうに何も考えずにいて大丈夫なのかな」

などと大人を装い、取り繕った言葉に言い換えた。自分を相手に話しているのに、格好などつけてどうするのだ、とも思いはしたが。

「いいも悪いもないよ。勝手にちゃんとすすんでいくようになってるから。ぜんぶがちゃんとしてるんだ」

彼はさらりと言った。

つづけて彼は、私たちという存在は、完全な現れをいつも雨のように浴びていて、その雨は、喜びや楽しさ、さまざまな恵みだけではなく、悲しみ、怒り、困難、試練のように見えることも含んでいる。そのすべてが雨なのだと言った。

ところが、私たちは、喜びや楽しさだけを欲しがり、それ以外を嫌い遠ざけようとする。それは言ってみれば、ある雨粒には濡れてもいいが、それとは違う雨粒には濡れな

いようにするのと同じだと。その濡れたくないという考えが緊張をつくり出し、私たちを疲れさせているのだと彼は言った。

そして、

「どうやったって濡れるんだよ」

笑って言い加えた。

彼はさらに、

「よく見て欲しいんだ。人は、ぜんぶを受け取るようになってるよ。都合のいい片方だけを受け取るなんてできないんだよ」

と言い、いくつかの例をあげて話した。

たとえば、本を読むとき、誰もが黒い文字の部分と白い紙の部分をいっしょに受け取っている。どちらか片方だけを受け取ることはできない。文字を読んでいるということは、両方を受け取っているからだと彼は言った。片方だけでは、その現れ自体が成立しないのだと。

風鈴の音だって、言葉にできないほど複雑な要素で成り立っている。どれか一つでも欠けたら、風鈴の音は成り立たない。コーヒーの味もさまざまな要素がからみあって、コーヒーの味になっている。苦み、甘味、えぐみ、渋み、そのすべてを受け取っている。苦味一つ取り上げても複雑きわまりないのだと。そのどれかだけを受け取らないということはできない。

大自然に触れたときも同じで、誰もが素晴らしい景色を喜ぶが、腐食した動物の死骸は喜ばない。大自然のやさしさは喜ぶが、驚異、威力、恐怖は嫌う。だが、すべてを含めて大自然なのだと彼は言った。

また、健康は歓迎し、病気を嫌う。成長は喜び、衰退や死を嫌う。良好な人間関係を喜び、対立を嫌う。人は、どちらか一つだけを受け取ろうと、いつもあくせくしているのだと。

だが、受け取りたいどれかだけを受け取ることはできないし、受け取りたくないからといって、どれかを受け取らないことはできない。

加えて、こうも言った。

世の中に現れるあらゆるものごとは、つねに対比する要素を持っていて、そのすべてがつぎつぎに途切れなく現れる。それは問答無用の現れなのだと。私たちがどう思おうと、嫌だと言おうと、それが聞き入れられることはない。そのようなしくみのなかで、自分が受け取りたいものだけを受け取ろうとするのは、苦しみを生むだけだと。

もっと言えば、それは、受け取る受け取らないというレベルの話ではなく、ものの現れそのものに関わる根本の話であり、すべての現れは、何も引くことができない、何も足すことができない現れなのだと彼は言った。

彼は、私の顔をじっと見つめ、

「だからね、そこに何かが現れたっていうことは、それがもう完全だっていうことなんだよ。完成されちゃってるの。その完全なものをどうにかしようとして、みんなはがんばるんだけど、どうにかなんてできるはずがないよね。だって完成されちゃってるんだもの」

と言った。

どうにもできないことを、私たちはどうにかしようとがんばっているらしい。たしかに、完全なものに手を加えることはできない。それを完全というのだから。

だが、こんな話をいまの私が納得などできるわけがない。ここまで追いつめられた状態が完全だなどと、どうやって思えと言うのだ。

すべてのものごとは、ただ現れているだけだと彼は何度も何度も繰り返した。私たちに必要なのは、風が吹くのと同じようにただ起きているあらゆる現象に、よけいな考えをくっつけずに、そのままに見ることであり、自分が何かをやっているとか、自分が自由になったとかならないとか、自分が苦しんでいるとか、そんな思考が現れても、それもただ現れているだけだ、ということを知らねばならないと彼は言う。要するに、力を抜け、もっと楽にしろ、ということが言いたいのだろうと思うが。

そして彼は、

「それが見えてきたら、いろんな考えそのものが気にならなくなるよ」

といかにも楽しげに言った。

私が何をどう返していいかわからずにいると、

「動きなんだよ。ぜんぶが動きなの。つぎに何が飛び出してくるかわからない。出てきたものが変化するまんまにあること。ぜんぶが勝手に起きて、かたちを変えながら流れていくんだ。実際には、流れてるように見えてるだけなんだけどね。その現れがあるだけなんだよ。その現れが間違うなんていうことは絶対にあり得ない。いつだって完全なんだ」

そう彼は言った。

「それが君の言う大切なこと？」

「そうだよ」

私にとって、到底、理解しがたく、かつ受け入れがたいこの日の話が、結局、このあとひと月あまりにわたった彼との会話の中身を決定づけることになったのだ。もちろん、このときの私はそんなことを知るはずもないが。

個人は存在しない

家から公園に向かう途中にある急な下り坂で、私はあの出来事を思い出していた。彼と会ってすぐの、いまのようにおしゃべりをする前のことだ。スクリーンに映るうなだれた彼を思わず抱きしめようとしたときに起きた、あの不可思議な体験だ。彼に訊いてみたくなった。というのも、あのあとから、心なしか気分が上向くことが増えたような気がしていたからだ。

私が話すと、

「気のせい、気のせい。つながりはないよ。そう思いたかったら思うのは自由だけど」

彼は笑って言った。

「つながりはない？」

「ない、ない」

と笑い、つづけて、

「その出来事と、キミの気分の変化は別々に出てきたことなんだよ。そこに何のつながりもないよ。そもそも起きることぜんぶに、つながりってないんだよ」

それが当たり前という顔で言った。

「ぜんぶにつながりがない？」

「うん、まったくない」

あらゆることにつながりがない？　馬鹿な。話にならない。

とりあえず私は質問を変えた。

「じゃあ、あのとき私が何かに包まれた感覚は、いったいなんだったのかな」

「ただの幻覚」

彼は涼しい顔で言い放った。

「私にあんなに涙をあふれさせて、しばらく放心するようなあれがただの幻覚なの？」

「うん。でも、楽しい幻覚だよ。人間にだけ与えられた素敵なお楽しみ。素敵で楽しい体験をしたんだから、それでいいじゃない。それだけなのに、大人は、そういうことをすぐに何かと結びつけようとするんだよね。理由とか根拠とか意味みたいなものを探すんだ。自分の都合のいいように考えて、また起こることを望んだりする。法則とか決まりみたいなものがあって、それに従えば同じことが起きるって思ったり。反対に、都合が悪いことだと、何かのせいにして、怒ったり、自分を納得させようとするんだ。そうじゃないよ。そんなことあるはずがないもの。つながりってないから」

なんと返せばいいのか。質問すら浮かばない。

すると、彼は私の顔を見つめながら、

「あのね、幻覚のなかにいると、意味とか理由とか、つながりとかもあるようにしか見えないんだ。いま眠ってて、夢を見てると思ってみて。夢のなかでいろんなことが起きるよね。その出来事につながりがあるように見える。でも目が覚めたらどう？　意味とか理由とかそれもぜんぶ夢のなかのことだったってわかるよね。人はみんな、ずっと夢のなかで生きてるようなものなんだ。ぜんぶが幻覚なんだよ」

と言い放った。

「ぜんぶ幻覚？　ああいう出来事だけじゃなくて？」

「そう。キミがこれまで生きてきて体験したぜんぶ」

すべてに意味などない、人生に意味などない、というのも、すべてが幻覚だからというわけなのか。まあ、言うのは彼の勝手だが、私にしてみれば、なんとも突拍子もない話だとしか言いようがない。


話が途切れ、沈黙が流れた。私は、遠くに目をやっている彼の横顔をぼんやり見ていた。彼と私とのあいだにたびたび起こるこうした長い沈黙は、決して居心地の悪いものではない。心地よささえある。話したいことが出てくれば、どちらかが口を開く。

しばらくすると、彼が私の方に向き直って、

「キミはさ、自分が何かをしてると思ってるよね」

と言った。

私が彼の意図をつかめずに戸惑っていると、

「キミは、自分で考えて、自分で選択して、自分が行動してるって思ってるよね」

と言い直した。

「思ってるって、そりゃそうだよ。ぜんぶ自分でやってるよ。まさか、違うって言うんじゃないよね」

私は笑いながら言った。

すると彼は、

「キミは何もやってないんだよ。その話をしておこうと思ってさ」

まじめな顔で言った。

「冗談でしょ？」

「冗談なんかじゃないよ。信じられないだろうけど、そうなんだ。まず何より知っておいて欲しいのは、人間が手をつけることなんて絶対にできない大きな力があるっていうこと。キミが想像するより、もっともっとはるかに大きな力が働いてるんだ。キミが見たり聞いたり触ったりすることができるぜんぶを、その大きな力がつくり出してる。太陽を昇らせて沈ませる。木に葉っぱを茂らせたかと思うと、それを散らせる。花を咲かせて、散らせる。世界中の動物、植物、昆虫を生かして、死なせる。そういう力を持ってるんだ。それだけじゃないよ。高いビルがあるのも、遊園地があるのもぜんぶがそう。宇宙そのものだって、その大きな力がつくり出してるんだよ」

「科学とか産業もっていうこと？」

「もちろん」

「貧困とか戦争も？」

「ぜんぶだよ。キミが思い浮かべられるものぜんぶ」

私は少し考えてから、ふざけて、

「生き物を生かして、社会をつくって、秩序と混乱をつくって、平和と争いをつくって、宇宙全体の行く末さえも握ってるってことだ。なんだか壮大なSF映画のストーリーでも聞いてるみたいだ」

笑いながら言うと、彼がむっとした顔を見せたので、

「冗談、冗談、つづけて」

私はあわてて取り繕うように先をうながした。

「いま言ったような大きいことばっかりじゃないよ。ものすごく小さいこともぜんぶ大きな力が握ってるんだ。キミが、いまこの時間に、この場所で、そのよれよれの服で、寝ぐせのついた頭で、いまの気分で、この話を聞いてるのも、大きな力が決めたことで、キミがこのことに何一つ関わったりしないでぜんぶが起きてるんだよ。キミは、自分の半径五〇センチ以内のことだって、自分の思うようになんてできてないんだよ」

彼は、私が寝ぐせをしきりに気にするようすがおかしかったらしく、くすっと小さく笑ってから、さらに話をつづけた。

「キミが生まれてから経験してきたことのぜんぶが、大きな力によって運ばれてきたんだ。瞬《まばた》き一つも例外じゃないよ。風がキミのほっぺたをなでるのも、いまちょうどカラスの鳴き声が聞こえたよね？　それも大きな力がやったこと。ぜんぶなんだ。誰もなんにもしてないし、誰もなんにも考えてもないし、なんにも決めたりもしてない。なのに、みんな、自分が何かをやってると思ってる。ぜんぜん違うよ」

はいそうですか、などと素直に聞けるような話ではない。

「じゃあ、訊くけど、君が言うその大きな力がすべてをやってるって言うなら、個人っていう存在は何をしてるんだろうか」

「なんにもしてないよ」

「何も？」

「うん、なんにも」

彼は平然と言った。

私がまわりをぐるっと見回しながら、

「こうやって私がまわりの景色を見渡すのも、それがやってるわけだ」

と言うと、

「そうだよ。キミが個人として何かを見たり、感じたり、しゃべったり、何かを決定したりなんていうことは一度もないよ。生まれてからただの一度もね。ぜんぶ大きな力がやってることだよ」

彼はとても楽しそうに言った。

「個人はないも同然ってこと？」

「ないも同然じゃなくて、ないの」

「ない？　完全にない？」

「ないよ」

「じゃあ、この体はどうなの？　個人でしょ？」

「違うよ。個人なんかじゃない」

「どこが個人じゃないって言うんだよ」

私がむきになって言い返すと、彼は私の顔をしげしげと見つめて、

「体はね、大きな力の道具に過ぎないんだよ。ただの道具。大きな力がその道具を使っていろんなことを表現するの。大きな力が、粘土遊びをしてるようなもので、キミはその粘土でつくられた人形の一つっていうこと」

と言った。

わかったようなわからないような。だったら、この私という人形を、もっとなんでもとんとん拍子にうまくいって、困ったことの起こらない人形にさっさと作り変えて欲しいものだ、などと考える。

まあ、どうあれ、個人がないということ自体、私にとって理外のことでしかない。私は黙り込んだ。


しばらくすると、別の疑問が浮かんだ。

「でもさ、エゴとか自我とかってよく聞くよね」

「実際にはそんなものはないよ。言葉だけのこと。そのとき出てきた考えに、自我とかエゴとか名前をつけてるだけだよ。大人の好きなことだね。そうやって簡単なことをわざわざややこしくするんだ。ややこしいことを言ってる自分はすごいって思うんだろうね」

私がどう返していいかわからずにいると、

「個人っていう存在はないんだよ。さっきから言ってるけど」

と言い、今度は、

「キミは、ボクがしゃべって、自分が話を聞いてるって思ってるよね？」

などと訊いてきた。

「それ以外にないと思うけど」

「違うよ。空間そのものがしゃべってるんだよ」

「空間がしゃべってる？」

「うん。ほんとは空間じゃないんだけどね。キミがイメージしやすいように言うとしたら、空間っていう言い方が一番いいかなって」

彼は言った。

私は鼻で笑った。だってそうだろう。笑うしかないではないか。実際に、こうして顔を突き合わせて話していることを無視して、空間そのものが話している、などということが受け入れられるはずがない。馬鹿らしいにもほどがある。しかも、その空間というのも、ほんとうは空間ではないなどと言う。さっぱりわからない。

だが彼は、そんな私の思いなどおかまいなしに、

「よく耳を澄ましてみて。そしたら、ボクがしゃべってキミが聞いてる、なんていうこ

とは起きてないから。この空間に声が響いてるだけだよ。声をよく聞いてみて」

と話をつづけたが、私はすぐに彼を制して、

「まったくわからない」

と返した。

すると彼は、にわかにまじめな顔つきになって、

「わからないんじゃなくて、キミははじめからわかろうとしてないんだよ。もし、この話をボクがしてるんじゃなくて、真っ白い長いひげを生やした神さまとか、むかしのすごく偉い人とかが、いきなりここに出てきて同じ話をしたら、キミはきっと耳を傾ける。事業を大成功させた人とかね。そういう人が話をしたら、キミは聞き方がぜんぜん違ってくると思うよ。理由は簡単で、誰かがしゃべってるって思ってるからなんだ。そんなふうに思ってる限り、どんな人がしゃべってるかが大切になるんだよね。でもね、ほんとうのことが見えてきたら、そんなことは起きないよ。誰とか彼とか、そんなことは関係なくなるから。風の言葉だって、星が話しかけてくる言葉だって、てんとう虫の言葉だって、銀杏《いちょう》の木が語る言葉だって、ぜんぶ同じだっていうことがわかるよ。だって、それもぜんぶほんとうのことだもの」

言い終えると、彼は静かに空を見上げた。私も空を見た。

風の言葉、星の言葉……それもほんとうのこと……。

私がぼんやり考えにふけっていると、

「風ってすごいよね。もし、この世界に風がなかったらどうなるのかな。考えてみたことある？」

しみじみと言った。

強い反発

きのうの話にはまいった。個人など存在しない云々の話だ。夜ベッドに入って、あれこれ考えはじめたら、では、これはどうなのだ、あれはどうなのだと食ってかかりたくなるようなことばかりが浮かんできて止まらなくなった。おかげで、きょうは寝不足だ。

「個人はないって話のつづきなんだけどさ」

私は切り出した。

「うん、なに？」

「じゃあ、人それぞれが持つ悩みってどうなの？」

私は訊いた。

「個人の悩みなんかじゃないよ。自分に困ったことが起きたって思い込んでるだけ。みんな、それを遠ざけようとする。そしていろいろやってみるけど、それがうまくいかなくて、もっと苦しくなる。そういう繰り返し。自分に起きてるっていう錯覚がなくならないと、これは起きつづけるんだ」

自分に起きているのではない？　笑ってしまいたくなる。だが彼は大まじめだ。何をどう考えればそんなふうに思えるのか。

「悩みとか問題を放っておけばいいってこと？」

「問題そのものを放っておくとか、問題そのものから離れるんじゃなくて、それを問題だって決めつけてる考えから離れるんだよ。問題は、考えそのものなの。その考えから離れるの。簡単なことなんだけどなあ」

簡単なわけがないだろう。もしそれが簡単なら、誰も悩んだり困ったりなどしていないはずではないか。

私がそう言うと、

「みんな忘れてるだけだよ。赤ちゃんのときはみんなが、ふつうにやってたんだよ。むずかしいことだったら、赤ちゃんにはできないはずだよね」

彼はさらりと言った。

忘れているだけ……か。

まあいい。私は質問を変えた。

「でもさ、私たちは自分がやったことに対してその結果を得るよね、これは個人があるっていうことじゃないの？」

「違うよ。これもさっきの話と同じ。自分に起きたと思い込んでるだけ。結果みたいなものも自分に起きたって思ってる。みんな、自分が何かをしてるっていう考えから離れられないんだよね。大人はとくにそう。小さい頃からずうっとそれを疑いもしないで過ごしてきたんだからしょうがないよ。でも実際には、自分が何かをやってるっていう錯覚に、その結果も自分のものだって思い込まされてるだけだよ。ほんとうは、結果の影響なんて誰も受け取ってないんだよ」

あり得ない。

「じゃあさ、努力をするってどうなの？　意味がないってことになるのかな」

私は軽い嫌味を込めて言った。

「意味があるとかないとかじゃなくて、それより何より、個人が努力するっていうことはないの。わかるよね？」

「大きな力がぜんぶやってるからでしょ」

投げやりに言ってやったが、彼は私の苛立ちなどまったく気にしたようすもなく、

「そう」

と短く言うと、満面に笑みを浮かべてみせた。

そして、

「そもそもさ、努力ってなに？」

と私の顔をのぞき込んだ。

私は少し考えて、

「何かに向かってがんばること」

と答えた。

「その行動のことだよね」

「まあ、そういうことかな」

「あのね、ただの行動なんだよ。そこに行動が現れてる。それだけなんだよね。その行動に対して、大人は、自分の基準で努力って名前をつけて、いいとか悪いとか言うんだ。大人って、何かっていうといろんな名前をつけたがるんだよね。よく見たらわかるんだけど、努力なんていう名前のついた行動なんてないよ。そこに現れた一つの行動。それ

も大きな力がやってるんだよ」

努力という名前のついた行動などない。人間の判断でしかないと。はいはい、そうでしょう、そうでしょう。だが、私はそれをずっとつづけてきたのだ。

私は、鉄棒で逆上がりの練習をする兄弟らしき二人の男の子のようすをぼんやり眺めた。


ある言葉が浮かんだ。

「じゃあさ、自分らしさみたいなものって、どう考えたらいいのかな」

「生まれたときには、そんなものは誰も持ってなかったよね」

彼いわく、何も持っていないようす、生まれたときのままのようす、それが本来の自然な姿だと。だが、人は、成長していくなかでいろいろなことが付け足されていく。それが雪だるまのように増えていく。やがて、人は自分が何者であるかということが、何より大事なことになっていく。そうして人は、それがはっきりしないと不安が起きるようになるのだと彼は言った。その不安も幻覚なのだが、それが幻覚だと気がついていないために、人は、自分らしさのようなものによって、自分の立ち位置をはっきりさせ、少しでも安心しようとする。自分らしさとは、幻覚の不安から一時的に逃げるための、幻覚の乗り物のようなものだと彼は言った。

そして、

「ボクから言わせたら、そんなものは疲れるだけのものだけど、大人にとってはきっと大事なんだろうね」

と言い足した。

たしかに彼の言う通りかもしれない。だから、自分らしさのようなものが傷つけられそうになると、人は必死に抵抗を試みるのだろう。無理やり自分を安心させるための大事な乗り物だから。

「でもさ、それって個人性って言えない？」

「そうじゃないよ。いまボクが話したような考えが空間に現れてるだけ。誰か個人に起きてるんじゃないんだよ」

何度言われても、素直に、はいそうですね、とはなれない。それがふつうだろうと思う。話を聞きながら、きのう観たテレビのことが頭に浮かんでいた。海外で活躍する日本人バレエダンサーに密着した番組だった。

「じゃあ、これはどう？　人それぞれに能力の違いってあるじゃない。これって、個人性とは違うの？」

私が訊くと、彼は私が大事なことを忘れていると言った。それは、すべての現れは大きな力によっておこなわれているということだ。大きな力が特定の体を通過することで、それがさまざまな表現となって現れる。それも、彼が言うには、体を通過するように見えるだけで、実際には起きていないらしいのだが。

いずれにせよ、もし、それが個人によっておこなわれるというのなら、それは個人性と言えるだろうが、そこに個人は一切関わっておらず、すべてのものごとは、大きな力がかたちを変えて現れているだけであり、そこに個人性は存在できないと彼は説明した。

さらに、

「大きな力のほかに個人が存在するなんていうことはないんだよ。大きな力だけがある。ものすごく単純なしくみなのに、大人って、いろんな考えとか言葉を引っぱり出してきて、やたらむずかしくしようとするんだよね。自分でわかりにくくしちゃうんだ」

と言った。

きっと彼の言う通りなのだろう。そうなのだろうが、そんなふうに割り切れないのが大人の世界なんだよ、とつい言いたくなる。実際そうだから。

「じゃあさ、成功とか失敗って、君からはどんなふうに見えるのかな」

「キミが言うそれって、結局さ、お金とか地位とか名誉とか、そういうもののことでしょ？」

「まあ、そういうことになるかな」

「成功と思ったときが成功。失敗って思ったときが失敗。ただの考えでしかないから。これが成功で、これが失敗なんて決められるものはどこにもないよ。だから、その人が成功って思えば成功だし、失敗だって思えば失敗。つまらないことだよ」

つまらないこと、ときたか。強烈な反発がわき上がった。

「じゃあ、泥沼のような虚無にはまったままの日常を過ごして、事業に失敗して借金抱えて、家族とも離ればなれになって、人生を台無しにするなんていうのもつまらないことだって言うの⁉」

私がまくし立てると、彼は、私の顔をしばらく見つめてから、

「そのこと自体を言ってるんじゃないんだよ。見えてる現象をつかまえて、いろいろ考えちゃうことがつまらないことだってボクは言ってるの。わかる？　ぜんぶ幻覚なんだ

よ。キミが大切に思ってる人生って呼ばれてるものも幻覚なんだよ。ただね、幻覚だからどうでもいいっていうことじゃないよ。でも、まずはそれが幻覚だって知らないと、ほんとうのことがわからないんだ。ほんとうのことがわかったときに、人生っていうものの正体がわかる。そうなってはじめて、逃げたり、目をそらしたりしないで、まっすぐにちゃんと向き合えるようになるの。そのために、いま自分が見ているものは、幻覚なんだって知る必要があるんだよ」

年下の子にでも言い聞かせるように、言葉を区切りながら静かな口調で言った。

人生にしっかり向き合うということについては異論などない。むしろ大賛成だ。だが、成功や失敗がただの現象だ、などと思えるはずもないし、それを考えることがつまらないことだ、など到底理解できることではない。というか、したいとも思わないというのが正直なところだ。それはそうだろう。誰だって失敗なんかしたくないに決まっている。たとえ、それが幻覚であったとしてもだ。

幸福なるもの

公園の横の緑道で、泣き喚《わめ》きながら母親に駄々をこねる子供を見ながら、私は考えていた。

もとより私には、気がつくといつも自分のやりたいことばかりをやっていて、やりたくないことはやらない、というところがあった。だが、それは決してわがままを無理やり通すようなことではなかった。大人たちが気に入るような、いわゆる優等生などではなかったが、だめと言われたことは素直にやらなかったし、目上の人の言うことは、一応、聞いていたつもりだ。聞くというより、何も考えておらず言われるがまま、とでも言った方がいいだろうか。何かに反抗したという記憶がないのだ。

にもかかわらず、振り返ってみると、不思議なことに自分のやりたいことばかりやってきている。どういうわけかそれが許されてきた。だがこれは、ある程度の年齢を越してからのことを考えると、必ずしもいいことばかりとは言い切れない。その分、要らぬ苦労もし、ずいぶんと遠まわりをしたような気もしている。決して賢い生き方ではないとも思う。だがそれも、いまになって思い直してみれば、何物にも代えがたい経験という宝物を得てきたとも思うのだ。

私は、彼に向き直り、

「君は私にいろんな話をしてくれるけど、もし私がまったく聞く耳を持たなかったら、君はどう思うのかな」

訊いてみた。

意味のない質問だとわかっている。だってそうだろう。彼は私なのだ。どう思うもこう思うもない。

「なんとも思わないよ。それはキミの自由だから。ボクはキミになんにも強制したりしないよ。ボクは、キミがいま見てる場所が違ってるから、こっちを見てみなよって言ってるだけ。聞かなくちゃいけないなんてボクが決めることじゃないもの。キミの好きなようにしたらいい。ただ、それもほんとうはキミが決めるわけじゃないけどね。そんなことをキミが決める前に、起きることが起きちゃうから。実際、そうなってるはずだよ。

ぜんぶのことがそうなんだよね。考える前にもうぜんぶちゃんとそうなってるのに、みんな、こうするべきだとか、するべきじゃないとか考えるんだ。自分が決めてるって思い込んでて、なんでも自分で決めたがるんだよね。たいへんだなあって思うよ。そんなことしなくていいのに」

「君のようになんでも簡単に割り切れたらいいんだけどね」

私が言うと、彼はくすっと笑って、

「キミが割り切るんじゃないよ。起きることがはじめから割り切れてるんだよ。割り切れてるものを割り切れてるって知るだけだよ」

と言った。

起きることがはじめから割り切れている？　またわけのわからないことが出てきた。彼はこういう意味不明なことを、さも当然であるかのように言う。そして、理解できないという顔の私を見て笑うのだ。たまに彼が憎らしく見えることがある。

ふと思う。以前の私の考えごとといえば、いかにして成功をつかむか、その方法と手段の検討と具体的な計画を練ることだった。だが、首まで泥沼に埋もれてしまったような闇に捕らわれてからは、気がつけば、考えても仕方のないことをああでもないこうでもないとこねくり回している。これもその一つだ。幸福なるもの。

「幸せって何なのかな？」

私が言うと、

「哲学者みたいだね」

彼は私をからかうように笑った。

「答えが見つかったからって、それで何かが変わるわけじゃないんだろうけど」

「変わるわけないよ。それでも考えちゃうわけね」

「たまにね」

「まあ、しょうがないね、キミには考える時間がたっぷりあるから」

「暇だから、ってこと？」

「そう。暇な人の考えることだよ、そんなことは」

「失礼な」

「だってそうでしょ？　忙しい人はそんなこと考えないよ。やらなくちゃいけないもっと大事なことがたくさんあるからね」

たしかにそうだ。今度は二人して笑った。

「でも一応聞いてみたい。君が何て言うのか」

「みんなが言う幸せって、結局、自分の都合なんだよ」

「自分の都合？」

「そう。自分の都合が満たされれば幸せ。それがたくさん満たされれば満たされるほど幸せが大きくなると思い込んでる」

そう言うと、彼は頭上を見上げて、

「こうやってただ空を見上げたときに、なんの考えも出てこない瞬間があるの、わかる？」

と訊いてきた。

「考えが出てこない瞬間？」

「そう」

私が黙っていると、

「あるんだよ。空を見た瞬間、空っていう名前も、青いっていう言葉も、きれいって思ったりもできない瞬間が」

彼は言い、再び空を仰いだ。

つられて私も遠くの空に目を這わせてみたが何も感じられやしない。

首を傾げるばかりの私を見て、

「いまは、それがあるって知っておけばいいよ。それで充分。とにかくね、それとおんなじで、何かが起きたときに、幸せとか幸せじゃないとかの考えが出てくる前の瞬間があるの。そこにほんとうの幸せがあるんだ。それはいつもあるよ。キミが生まれてから一度もなくなったことがないんだ。でも、キミはそれを知らないよね。みんなそう。みんなが知ってるのは、自分の都合がかなったときの幸せだけ。ほんとうの消えない幸せを知らない。気づけない。どうしてだかわかる？」

「わかるわけないでしょ」

私が迷わず返すと、彼はたいそうおかしそうに笑ってから、

「考えが届かないところにあるからなんだ」

と言った。

「考えが届かない？」

「そう。ほんとうの幸せは、考えが届かない場所にあるの。だから、考えを使ってそこ

に行こうとしたり、つかもうとしても無理。考えじゃだめなんだ」

考えでは届かない幸福……。

私が再び空を眺め直していると、

「よく聞いてね」

と前置きして、彼は再び話しはじめた。

「さっきも言ったけど、人って、いつも自分の都合が満たされることを探し回ってるよね。たいていは、人間関係とか、家族のこととか、健康とか、仕事のこととか、お金のこととか、そういうものが自分の都合に合ってるかどうか、それがいつも問題になってるわけ。都合に合わないと、都合に合うようにがんばったり、そこから逃げて、都合の合う別の場所を探し回る。みんな、そんなことをずっと繰り返してるんだ。そこに幸せがあると思い込んでるから。キミだってそうでしょ？」

「まあ、そういうことになりそうだね」

「でもね、そこにいる限り、見かけだけの幸せと不幸せが、かわりばんこにやってくるんだ。みんな、そこでずっと鬼ごっこをやってるんだよね」

「鬼ごっこ？」

「うん。幸せを追っかけて、不幸せから逃げる、鬼ごっこだよ」

「なるほど」

「追っかけるのも逃げるのも、どっちも走りっぱなし。へとへとになってるはずなのに、そのことに、みんなは気づいてないんだ。そんななかで、その人にとって幸せって思える状態をつかんだとするね。でも、そうなったとしても、それもすぐに変わるよ。だけど、みんな、自分が気に入ったものは変わって欲しくないから、そのことにしがみつく。変わりませんように、このままでありますようにって。そして、それが変わるとすごく苦しくなる。変わらないものなんて何一つないのに」

「じゃあ、不幸せも変わるってことだよね？」

「もちろんそうだよ。変わらないものなんてないよ。ただ、大きな力が現すことは、ほんとうは一瞬のことなんだけど、人には、それがそのまま一瞬に感じることもあれば、何年、何十年に感じることもあるわけ。それが長く感じたとき、みんなは、変わらない、ずっと苦しい、って言うんだ。でもね、ほんとうは一瞬のことなの。忘れちゃいけないのは、人が何をどうがんばっても、結局は、誰にも予想できないことが、ただ起きていくだけなんだよ。そこではぜんぶが変わりつづけていく。絶対に止められない。移り変わらないものなんてないんだから。そのことを自分でたしかめてみたらいいよ。どうせ時間はたっぷりあるでしょ？」

そう言って彼は笑った。

「どうせ、っていう言い方はないだろ」

私も笑って返した。

要するに、私がずっと思っていた幸福や不幸とは、自分の都合だということか。単純に。だが、ほんとうの幸福とは、そんな自分の都合がかなうとか、かなわないとかとは関係のないものであり、それはいつも目の前にある。だが考えでは届かない、しかも、それは一瞬のことなのだと。さっぱりわからない。

さらにつづけて彼は、

「もう一つ、すごく大切なことを言っておくね」

と私の顔を探るように見た。

私が黙ってうなずくと、

「キミが考える幸せとか不幸っていうのは、感じるものだよね？」

彼は言った。

「感じる？」

「そう。何かうれしいことがあって、ああ幸せだなあって感じたり、いまのキミで言えば、自分は不幸だって感じたりするわけだよね」

「ああ、そういう意味ね。そりゃそうでしょ。だって幸せとか不幸ってそういうものでしょ」

「みんなそう思うよね。それが違うんだよ。ボクが言ってる幸せは、感じたりするものじゃない。感じる前にもうあるものなんだ」

「前にある？　なにそれ」

言ったが、彼はそれに答えようとせず、大きく両手を伸ばしてあくびをしたかと思うと、遠くに目をやったまま黙った。どうやら話はおしまいということのようだ。

彼がいったい何を言っているのか、いまの私には理解できない。だが、一つだけはっきりしたことがある。幸せとは、これまで私が信じてきたようなものとは、まったく違うものらしいということだ。まあ、それがわかったからといって、何がどうなるわけでもないのだが。

夢を持つこと

小学四年生の頃、つまり、いま目の前にいる彼の歳の頃まで、私は、家からすぐのところにあった広大な敷地の米軍基地に忍び込んでは、みんなと遊んだ。家の玄関を飛び出し、学校とは反対側に走って一分足らずの場所にそれはあった。

家の前の空き地にも、学校の校庭にも、どこの遊園地にもない、なんの障害物もなしに見渡す限り芝生が敷き詰められた見事な光景に私たちは魅了された。走り回って転んでも怪我をすることもない。私たちにとって夢のような世界だった。大の字になって寝転んだときの萌える草の香りを、いまでも生々しく思い出せる。

だが、そこは本来、許可証がないと日本人は入ってはいけない場所なのだ。法律上は米国。塀がわりに何キロにもわたって鉄条網が張りめぐらされ、基地とこちら側が仕切られていた。その鉄条網を自分たちで押し広げてつくった、私たちだけの秘密の出入口から地面を這うようにして入り込むのだ。

鉄条網から遠く離れた向こうの方には、二階建ての真っ白い瀟洒《しょうしゃ》な家々が、間隔をあけて点々と建っており、それぞれの庭には、私たちが通った幼稚園や学校の校庭にあるものとは明らかに様相の違うブランコやすべり台やシーソーがあったり、見たことのない遊び道具が無造作に放り出されていて、そこで自分が遊んでいる光景を想像しては、胸をときめかせたものだった。残念ながらその近くまで行く勇気はなく、遠くから指をくわえて見入っていただけだが。

というのも、芝生のなかで遊んでいると、ときおり、ミリタリーポリスが、大きな紺色のピックアップトラックで見回りにくるのだ。多くの場合、私たちから離れた遠くの道路脇にトラックを止め、こちらのようすを見張り、私たちが遊びをやめて、基地から出ていくと立ち去ることが多いのだが、たまに、いきなり道路の縁石を乗り越えて、飛び跳ねるようにして猛スピードでこちらに向かって突進してくることがある。そのときは、全員で奇声を上げながらいっさんに逃げる。その満点のスリルもまた抗えない娯楽の一つだった。

なにしろ、もし捕まると留置場に入れられて帰ってこられない場合がある、などという噂があったのだ。実際にはそのようなことはあるはずもなく、親が呼ばれて注意を受けてから帰されるということだったようだ。一度も捕まったこともないし、実際に捕まった誰かから話を聞いたわけでもないままに、基地自体がなくなったいまとなってはたしかめようもないが、私たちを脅すために車を突進させてきては、鉄条網越しに半笑いで私たちをたしなめるサングラスをかけたポリスたちのかっこよさは、いまでも私の脳裏に色濃く焼きついている。

そんな基地の思い出のなかでも、ひときわ鮮やかな情景の記憶がある。年に一度、誰もが許可証なしに大手《おおで》を振って基地内に入ることができた七月四日、アメリカの独立記念日のお祭り騒ぎだ。花火が上がり、さまざまな夜店が出る。見たことのないゲームや食べ物が並び、そこで缶ビールを片手に盛り上がる背の高い外人たちのようすは、私が知る〝祭り〟とは明らかに違う、華やかな〝パーティー〟だった。私にとっては、すべてが新しいというだけではとても収まりきれない、きらびやかで胸がときめくような体験だった。

幼い頃、このような環境に触れた私が、アメリカという国への漠然とした憧れを持つようになったのは、ごく自然なことだったように思う。父が東京の家にほとんどいなくなったのをいいことに、私はかなり早い時期から、白黒テレビに映し出されるアメリカのテレビドラマや映画に夢中になった。そのときに観たさまざまな、私にとってまばゆい夢のような世界が、のちのち、三〇歳を過ぎてすぐの頃に芽生えた成功への情熱をあと押しする原動力になったことは間違いない。まあ、そこから私の迷いと苦しみがはじまったわけだが。

「夢を持つことって、どうなの？」

私は訊いた。

「それ自体が素敵なことだよね」

「そうなんだ、意外な答えだな。君のことだからどうせ、意味ない意味ないと軽くいなされると思ってた」

私が言うと、彼はたいそう楽しげに笑ってから、

「でもね、忘れないで欲しいのは、それはあくまでも、自分のなかに想像でつくった表面的な幸せのかたちを実現することだからね。言っちゃうと、幻覚の上に幻覚を重ねること。幻覚だから、もしそれがかなったとしても、実現してみると、うれしいのはひとときだけで、すぐに色褪せちゃう。たとえば、欲しかったものを手に入れたとしても、

すぐ不満が出てきたり、別のものが欲しくなる。やりたかった仕事ができたとしても、すぐに不満が出てくるんだ。こんなのは自分が思ってたものじゃないって。人って、欲しかったものでもいったん手にしちゃうとそのありがたみを忘れちゃうからね。みんな、そんなことをずっと繰り返してる。それで苦しくなってるんだよね。しかもね、それだけじゃなくて、夢を追いかけるのって、けっこうたくさんの犠牲を払わなくちゃいけなかったりするわけ。そういうことをよくわかった上で楽しむことだよね。それが大事」

と妙に大人びた言い方をした。

たしかにそうだ。何をつかんでも、何を達成しても、すぐに不満が出てくる。これは、異論なしに共感できる。

ついでに夢について、もう一つ訊いた。

「想像できる夢はかなう、みたいなことが言われるよね。これって、君はどう思う?」

私が言うと、

「そう考えるのは楽しいね。でも、そんなことはあり得ない」

彼は言い切った。

「あり得ない?」

私が問い返すと、

「うん。そんなふうに見えることもあるかもしれないけど、都合のいいように解釈してるだけだよ。実際にはあり得ないもの」

さらりと言った。

「どうして？」

「どうもこうもないよ。先のことなんて、誰にもわからないんだから。一秒先のことだって誰にもわからないよ。違う？　先のことがわかる人なんていないもの」

「でもさ、世の中には、未来が見えるっていう人がいるよね」

私が言うと、彼は怪訝そうに私の顔をじっとのぞき込んでから、

「本気で言ってるの？」

と言った。

「まあ、本気っていうか……」

口ごもる私を見て、彼は声をあげて笑った。

まあ、どうでもいいことだ。私は話題を変えた。

「じゃあさ、願えばかなうっていうのはどう？」

「ないよ。あってもいいけど」

彼は言った。

「どっち？」

「どっちって決めなくてもいいじゃない」

「はっきりしないと困るでしょ」

「なんで」

彼は再び私の顔をじっと見つめた。

そして思いついたように、

「あ、わかった。要するにキミは、願ってかなうなら願うし、そうでないなら願わないって言いたいんだね？　だから、どっちなのかはっきりしろって、そういうことだ」

からかうような目をして言った。

「だって、そうでしょ」

「夢がかなうか、かなわないかは、かなうようになってるならそうなるし、かなわないようになってるなら、何をやってもかなわないよ。起きることが起きて、起きないことは起きない。それだけだもの。願ったからかなうとか、かなわないとか、ない、ない。

そもそも、夢がかなうようになってる人って、そんなこと考えたりしないよ。やるべきことをどんどんやっていくだけだもの。違う？」

さらに彼は、私の顔をまっすぐに見つめて、

「でもね。夢がかなったってかなわなくたって、それも幻覚のなかのことだよ。大事なのは深刻になったりしないで楽しむこと」

さらりと言い加えた。

それも幻覚か……。


ついさっきまで低く垂れこめていた雲がところどころに切れ目を見せ、弱い日差しが地面に力のない影を落としはじめている。私は、飼い主が投げたボールを猛ダッシュで拾ってきては、また投げてくれるのをいまかいまかと待つ犬を眺めながら、後悔というものについてぼんやり考えていた。

後悔はいつまでたっても消えないものだ。靴のなかにまぎれこんだ小石のようにありつづけ、ときおり、真ん中にしゃしゃり出てくる。人生と呼ばれるものが幻覚だろうとなんだろうと、消えないものは消えないのだ。

「最近よく考えるんだ。どうしてあのとき、あんなことをしちゃったんだろう、もっとほかにやり方があったんじゃないか、ああすればよかったのに、こうすればよかったのに、とかって」

「考えたってどうにもならないよね」

にべもない。

「まあ、そうなんだけどさ」

「それを選ぶようになってたんだよ。それしか選べないようにぜんぶの条件がそろってたから、キミにその選択が起きたんだよ。それ以外に起きようがないんだから、どうにもならないんだよ。前にも言ったよね、大きな力が働いてるんだって。それ以外にないんだよ。それが起きなくちゃいけないから起きたの。もっと言うとね、起きることはキミが生まれたときには、もうぜんぶ決まってるんだ」

「生まれたときに決まってる？」

「そうだよ。その決まってることが、起きていくだけなんだよ。大きな力の働きだよ。もし、それがキミには都合のよくないことだったとしても、そもそも大きな力は、キミの都合なんて知らないんだから」

彼は言った。

それを選ぶようになっていた、それしか選択できなかった、もともとそうなることは決まっていた、どうにもならない、加えて、大きな力は個人のことなど知らん、と。もう少し救いのある言い方はないのだろうか、と思ったりもするが、それがほんとうのことだと言うなら仕方がない。だが、こう考えることもできる。

「じゃあ、私がいまの状況にあるのも、家族とかみんなに迷惑をかけてるのも、私に一切の責任はないっていうことになるよね?」

「もちろんそうだよ。キミが何かをするなんて絶対にできないことだもの」

さらに彼は、

「このことが、たしかにそうだって思えるようになったら、後悔が起きることなんてないし、自分を責めるなんていうことも起きないよ。誰かを責めるなんていうことも起きない」

と言い足した。

彼の言葉をそのままに受け取るなら、すべてが大きな力によって為されていることであって、私という個人が何かをやっているのではないのだから、ああすればよかった、こうすればよかったということ自体がナンセンスということになる。すべて納得できたわけではないが、ここまではっきり言い切られると、肩の荷がいくらか軽くなったような気がしないでもない。

では、これはどうだろう。彼は何と言うだろうか。

「自分をゆるすとか、ゆるしなさいみたいなことがよく言われるけど、これも必要ない？」

「必要があるとかないとかの話じゃないよ。そもそも自分ってなに？　ないよ。探してみたらわかるけど。ゆるす自分がないの。個人っていう存在がないんだよ、どこを探しても。空っぽだもの。空洞しかないよ。おかしいよね、空洞をゆるすなんて」

空洞か。それではゆるすもゆるさないもない。だが、いきなり空洞だなどと言われたところで想像すらできやしない。

「じゃあ、自分を愛するとかいうのも同じ？」

と訊いてみたが、彼は質問には答えず、黙って笑っているだけだった。言うにおよばず、ということか。

胸に残る言葉

私が得体の知れない虚無に溺れたままの日常を過ごすようになるずっと前、つねに「成功、成功」と口癖のように言っていた時期に、自己啓発の類いの本を読みあさって知ったさまざまなキーワードがある。いまの私がそれを彼に訊いてみたところでどうもこうもないのだが、なんとなく訊いてみたくなった。

「夢をかなえたり、生き方の指標を語った本とかでよく、いい気分でいよう、みたいなことが言われるんだけどさ、君はどう思う？」

「どうって？」

「いや、前にそんなことをやってた時期が少しあったんだけど、なんていうか、かえってもやもやするっていうかさ」

「そりゃそうだよ」

「そりゃそう?」

「だって、そうなろうとすることがそもそも無理なことだもの」

「無理って、なにが」

「だって、いい気分って、どこから出てくるのかって言ったら、考えのないところから出てくるんだよ」

「それって、君が言ってたほんとうの幸せがある場所のこと?」

「そうそう」

「いい気分っていうのは、ほんとうの幸せから出てきてるわけだ」

「そういうこと」

さらに彼は、

「ほんとうの幸せがある場所に考えは入り込めないんだよ。そこにキミの言ういい気分があるの。だから、考えを使っていい気分になろうとしたってできっこないよ。なろうとして、少しのあいだそんな気分になれたとしても、それは自分に嘘をついてがんばってるだけだよね。そんなの疲れちゃうでしょ」

と言って微笑んだ。

私が黙っていると、彼はさらに、

「それと、キミがいい気分になろうとして、もやもやした理由はすごく簡単なことだよ。あのね、いい気分でいようなんて決めると、必ずじゃまものが現れるよ。必ずだよ。静かであってほしいなんて思うと、それをじゃまする誰かとか出来事とかが出てくるのと同じ。静かであってほしいって思ってなければ、なんとも思わないようなことが、そう思ったとたん、いろんな音が気になりはじめるんだ」

と言った。

言われてみればなんとなくわかるような気がする。何かで急いでいるときは、前を歩く人がじゃまに感じるし、理想を掲げたとたん、理想とはほど遠い現実が浮き上がってくる。

「キミのうしろに大きな木があるよね」

彼が言った。

私は振り返って、木を見上げた。

「鳥が鳴いてるよね」

スズメたちが遊んでいるらしい。私がうなずくと、

「あるとき、キミがこの鳥の鳴き声を録音しようと思ったとするね。そうすると、車の音とか人の話し声とかが、急にじゃまものになるんだ。それまでは、そんなことは思いもしなかったのに。それと同じことが起こるんだよ。いい気分でいようとしたとたんに、それを妨害しようとする敵がたくさん出てくるっていうこと」

彼が言った。

敵……。たしかにそうだった。それまでまったく無自覚だった、車やバスのエンジン音、クラクションの音、人の話し声、遠くからかすかに聞こえてくる音響式信号機の音までもが、嘘のように耳に入ってくるのだ。

彼は、私の顔をのぞき込むようにして、「ねっ」と笑ってみせた。

いい気分というのは、考えのないところにある。自分でつくるものではない。しかも自分でつくろうとすると、必ずじゃまものが現れる。そして、それが〝敵〟になってしまうのだと。

私は振り返ってもう一度、木を見上げながら、鳥たちの声に耳を傾けた。ついさっきまで存在さえしていなかったさまざまな音を気にしながら。

これも訊いてみたかったことだ。自己否定。以前の私には、どこを探してもなかったものだ。ところが、この病になったとたん、それがいきなり表舞台にのさばり出てきたのだ。しかも、不動の主役として。

「自分を否定しちゃう思考って、君はどう思う？」

「ただの考え。気にしなければいいんだよ」

「それができないから訊いてるの」

「嫌がるからややこしくなるんだよ。あったら、ありっぱなしでいいじゃない。なんでいけないの？」

「何でいけないのって、そりゃあさ……」

私は言葉につまった。

すると、

「それが出てきちゃってるんだよ。いまは。そうでしょ？　出てきたことは出てきたこと。そのままでいいんだよ」

彼はあっけらかんと言い放った。

突き上げるような不快感が鳩尾《みぞおち》の辺りに広がった。

「苦しいままでいろって言うわけ⁉」

思わず強い口調になった。

すると、彼は私の顔をしげしげと見つめ、

「苦しいままでいいなんて言ってるんじゃないよ。出てきたまんまをよく見るんだよ。ちゃんと見たら、そこに苦しみなんてくっついてないから。そういう種類の考えがそこにあるだけだよ。起きるべきことがただ起きてるだけ」

と言った。

「要するに、それもぜんぶ大きな力のなせる業《わざ》ってわけだ。だからどうにもならないんだと」

「そういうこと。いまキミは、どうにもならないっていうのを悪いことのように思ってるだろうけど、そこにはいいも悪いもないの。だから、そのままでいいんだよ」

もっと訊くべきことがあるはずだと思うのだが、何も浮かんでこなかった。


じゃあ、反対にこれはどうだろう。自己肯定感。以前の私には、自分を肯定するなど、あまりにも当たり前すぎることで、わざわざ取り上げて考えるようなものではなかった。

私としては、うぬぼれているつもりなど毛頭なかったが、おそらく根っこの方で、さまざまなことに対してごく自然に「私にはできる」としか思っていなかったのだと思う。まあ、そのせいでたくさんの挫折を味わってきたわけだが、どういうわけか懲《こ》りない。何度でも同じ失敗を繰り返しながら、いつかできる、などと自然に思えてしまう。

それがあるときを境に、自分への自信という自信がすべて、まるで潮が引いていくように失せ、入れ替わりに、自分を丸ごと否定する考えばかりが、ひっきりなしに押し寄せてくるようになったのだ。

「自己肯定感を高めるっていうのを、君はどう思う？」

私は訊いた。

「たとえば、どんなこと？」

彼は小首を傾げた。

「自分には欲しいものを受け取るだけの価値があるんだ、とか、自分にはそれをやるだけの力があるんだ、とか」

「そう思い込むっていうこと？」

「そう」

「べつにそう思うのは自由だけど、それって苦しくない？　自分には価値があるとかないとか、力があるんだとか、そんなふうに考えてたら、ないって気がしたら苦しくなるし、あったらあったで、なくならないようにがんばらなくちゃいけなかったり、もっともっと、ってなったり、どっちにしてもたいへんだよね。自然にそう思えるのならともかく、そんなふうに思おうとするなんて不自然だよ」

不自然か……なるほど。

さらに彼は、

「もし、そんなふうにがんばっちゃってる人がボクの目の前にいたら、重たく感じちゃう」

と笑いながら言い足した。

「重たい？」

「うん。ずっしり」

自分を肯定すること自体が重たいなどとは考えたこともなかったが、言われてみれば、わかるような気がしないでもない。重たいというか、いっしょにいたら疲れるかもしれない。

「そもそもさ、どうして肯定しなくちゃいけないの？」

彼が私の顔をのぞき込んで言った。

またそうきたか。なぜそうしなくてはいけないのか、なぜそうする必要があるのか。

「そりゃあ、だって……」

私は言いかけたが、そこから言葉が出てこない。

「無理に自分を肯定するなんて、おかしいよ」

彼はさらりと言うと、つづけて、

「きのうも言ったけど、肯定する自分なんてどこにもないよ。空っぽだよ」

といたずらっぽく笑った。

なるほど、そこに行き着くわけか。そもそも、肯定しなくちゃならないそれ自体がどこにもないのだ、と。


それと、まあ、どうでもいいと言えばどうでもいいことだが、私が読んだ本のなかには、人知を超えた神秘的な力といったものについて語られているものも多くあった。ちょっと訊いてみたくなった。

「神秘的なことって、どうなの？　いろいろあるじゃない。ふつうじゃ考えられないようないろんなこと」

「たとえばどんなこと？」

私は、あれこれ例をあげて説明した。

しばらく聞いていた彼は、私の話を制して、

「考えられないことって言うけど、それはその人が考えられる範囲を超えてるっていうだけのことだよね。実際には、どんなことが起きてもおかしくないんだよ。何が見えても、何が聞こえても、何が起きても、その人が、それを体験したって言うのなら、それはそれでいいじゃない。それを信じる人は信じるし、信じない人は信じない。どっちでもいいんだよ」

笑って言った。

「どっちでもいい？」

「うん。楽しむ人は楽しんだらいいし、そうじゃない人は別のことを楽しむでしょ？それだけのことだもの」

「でもさ、小さな子供が自分の前世を語りはじめた、なんていう話もあるよね」

「それも同じ。信じたい人は信じればいいし、信じない人は信じないでしょ？」

「まあ、そうだけど」

「みんな、そうやって遊んでるだけだよ」

「ほんとうかどうかは関係ないってこと？」

「うん。ぜんぜん関係ない。ぜんぶ遊びだもの。遊びたい人は遊んだらいい」

「じゃあ、これはどう？　そういうのを、あるって主張する人と、ないって言う人が対立したりするよね。いろんな根拠とか証拠とかを持ち出してきて。そういうのは、どう思う？」

「それも遊んでるだけだよ。言い合いをしたりして楽しんでるの。だって、もし楽しくなかったらしないよね。そうでしょ？」

なるほど。それもそうだ。ほんとうかどうかなど関係ない……か。

彼はさらに、

「ただね、こういうことを信じてる人で、そのことと何かを結びつけちゃう人がいるよね。そうするとおかしなことになるんだよ」

と言った。

「結びつける？」

「そう。何かの前兆だとかさ、これこれこんな意味があるとか、神さまがどうしたとか、祟りだとかさ」

「ああ、そういうことね。たしかに、ありがちだね」

「それはないからね。現れることに意味なんてないから。ただそれが起きてるだけだから」

私がうなずくと、彼はうれしそうににっこりした。それから間を置かずにこんな話をした。

「それと、さっきキミが、神秘的な出来事とかそういう力みたいなものをいろいろ話してくれたけど、そのどれも、ボクにはぜんぜんたいしたことには思えない。そんなことじゃなくて、そもそも、こうして景色が見えることが、よっぽど神秘だよね。音が聞こえること、においがすること、何かに触ったら、それを感じられること、ぜんぶものすごい神秘だよ。ちょっとまわりを見たって、木に葉っぱが茂って、散って、また茂る。花が咲いて、散って、また咲く。すごい神秘だよ。ちゃんと見たことある？　ないでしょ。そもそも、動物とか植物が存在してること自体、とんでもない神秘だよ。光があって影があるなんてすごい神秘じゃない？　人間に考えがわくこと自体だってものすごい神秘だよ。見渡す限り、神秘的なことだらけだよ。奇跡としか言えないようなことだらけ。それに比べたら、キミがさっき言ったことなんて、ちっちゃいことだよね。家具が勝手に動いた？　死後の世界を見た？　生まれる前のことを知ってる？　そんなことより、キミの体が毎日動いてることの方がよっぽど神秘だもの。もともと動くはずがないんだから。それが毎日動いてるんだよ。神秘としか言いようがないよ。家具がちょっと動いたくらい、どうってことないじゃない。九死に一生を得た？　気持ちはわからないでもないけど、そんなレベルじゃない、考えられないような神秘的なことが毎日、毎分、毎秒、起きつづけてるんだよ。霊がどうしたとか、べつにそれもいいけど、蟻が毎日活動してることの方がぜんぜん神秘的だよ。そういう大事なことを、みんな、見逃しちゃってるんだよね」

彼は一気に話すと、まっすぐな目で私を見つめた。

なるほど。体が動いていること自体が神秘、花が咲くことが神秘、散ることが神秘、蟻の存在そのものが神秘……。

話を聞きながら、もしかしたらこういうところから感謝というものがわくのだろうかなどと、ぼんやり考えた。そういえば、感謝というキーワードも、むかし読んだ本によく出てきていた。

「感謝って、どうなんだろう？」

私は訊いた。

「どうって、どういう意味？」

「感謝することは大切なのかな、ってこと」

「大切とか大切じゃないっていうことじゃないよね、感謝って。自然にわき上がってくるものだよ。しようと思ってするものじゃないよね」

まあ、たしかにそうなのだが。

彼はさらに、

「大人は、感謝しなさいってよく言うよね。それが間違いだなんて言わないよ。言わないけど、そうじゃなくて、感謝が自然にわいてくるような生活をしなさいっていうことだよね、ほんとうは。見落としちゃってる大切なことがあるから、それをちゃんと見なさいよ、っていうことだよね」

と言った。

これまた、たしかにそうだ。

「それとね、そもそも感謝するときって誰に対してする？」

「それは時と場合によると思うけど。人だったり、物だったり、神さまとか」

「大事なことを教えてあげる。あのね、それがなんだったとしても、それはぜんぶ自分なんだよ」

「自分？　ぜんぶ？」

驚く私の顔がおもしろかったのだろう、彼は声を立てて笑った。それから小さく息をふうと吐くと、にわかに真剣な顔に戻って、

「キミが何かに注意を向けてるとき、それがなんだろうと、それはキミ自身なんだ」

と言った。

いきなりそんなことを言われても、どう受け止めていいのやらわかるはずもない。私は右から左へゆっくり視線を這わせた。緑廊《りょくろう》、生け垣、公衆トイレ、道の向こう側に並ぶ何台もの自動販売機、花壇、横に長く枝の伸びた木、水飲み場、カエルの遊具、鉄棒、砂場。これがぜんぶ自分？　どこが自分なのか。そんなわけがないではないか。

「あそこにある木が、私？」

「そう」

「あの鉄棒も？」

「そう」

「あそこの砂場にいる子供とママさんも？」

彼は大きくうなずいてから、

「ぜんぶだよ」

と笑ってみせた。

すべてが私自身――。

もちろん私には何のことやらさっぱりわからない。だが、どこか胸に残る言葉だった。

一瞬、何かがすっと落ちつくような不思議な感覚が現れ、すぐに消えた。


日が傾きはじめていた。彼は地面を歩き回る蟻の行く手をさえぎる遊びをはじめたようだった。かつて私が一人でよくやった遊びだ。そろそろ話に飽きたということだろう。

だが私には、まだ訊きたいことがあった。

私は、遊びに夢中になっている彼に、

「自分の人生は自分で変えていけるっていうのは、どうなのかな？」

やや声を張って言った。

「ない、ない」

彼は顔だけをこちらに向け、首を横に振りながら言った。

「でも、それを身をもって実感してる人とかもいるよね」

「自分で変えたって思ってるだけだよ。あり得ないもの、絶対に」

「絶対に？」

私が訊き返すと、

「うん。だって、変えようって思うのも、そういう行動が出てくるのも、ぜんぶ大きな力がやるんだよ。自分がやるとか、やったとか、そんなことあるわけがないじゃない」

と言うと、彼はまた地面に視線を落とした。

じつは、このほかにも、過去がいまを決め、いまが未来を決めるっていうのはどうなのか、と訊くつもりだったが、やめた。

花と人間

ときおり中学時代のことを思い出す。小学校四年のときに、父の圧力からの解放と新任教師からの影響が重なって、引っ込み思案のおとなしい少年という殻を脱ぎ捨てて以来、私は奔放に日々を過ごしてきたわけだが、中学に入るとまた違った意味で私は自由を謳歌した。

はじまりは部活だった。なぜか私は陸上部に入った。小学校のときにずっとやっていた野球や水泳ならわかるのだが、なぜ陸上を選ぶことになったのかまったくおぼえがない。

部の顧問は、学生時代にずっと陸上をやってきたという若い国語の教師。ひょろっと背が高く、将棋の駒の槍《やり》を逆さにしたようなあごの線がはっきりした顔立ちの、まだ独身のNという教師だった。

部員の何人かで、何度となくNの住むアパートに遊びに行った。独り身の散らかった部屋には、本棚に収まりきらないたくさんの本があちこちに山積みにされていた。一番はじめは、Nからの誘いだったか、こちらから押しかけたのかは記憶にないが、なんといっても学校では聞けない、Nの高校時代や大学時代の話がたまらなくおもしろく、みんなして想像力たくましく聞いたものだった。

一方で、Nは、私たちにさまざまな文学作品をすすめることも忘れなかった。国語教師としての面目でもあったろうし、私たちの学力向上に何かしらつながればという思いや、おそらくN自身が感じてきた、本を読むことの素晴らしさを、うら若き私たちに伝えたかったのだろう。本は、自分を見つめ直す最高の機会だと、しきりにNは語った。だが、そんな自らを省《かえり》みるなどということは、私たちにとってまったく興味外の話でしかなかった。

私も本を読むこと自体は好きで、まあまあ多く読む部類に入ったと思うが、Nがすすめるような、いわゆる純文学と言われる類いの作品に、当時の私が興味をそそられることはなかった。

加えて、Nは何かにつけて、道徳や倫理観、社会のルールといった類いの話を持ち出した。私たちを立派な大人にでもしたかったのかもしれないが、その中身といえば、嘘をついてはいけないとか、人と分かち合えとか、自分が間違ったと思ったら素直に謝れとか、人の悪口を言ってはいけない、などという話ばかりで、まさか私たちが真剣に耳を傾けるはずもなく、「俺たち、幼稚園生じゃないんだから」などと笑い飛ばしたものだった。

そんなたわいもないやり取りも、いまになって振り返れば、活発な少年時代を卒業し、そうかといって青年と呼ぶにはまったくほど遠い、ものぐさででたらめな、照れくさい言葉を使うなら、青春時代ならではの趣きがあったと思う。

いずれにせよ、教師の家に上がり込んでふざけてあばれたり、部屋のなかを勝手に物色して、Nのむかしの写真を見つけてみたり、買い置きのカップラーメンを勝手に食べてしまったり、そんなことが許されたのは、いかにもあの時代ならではのことだったろうと思う。

当時、まともに聞きもしなかったNの数々の言葉は、得がたい宝物として私のなかで脈々と生きつづけている。

そんな宝のような言葉たちが逆に、いま、なんとも言えぬ葛藤のようなものをつくり出しているのだ。彼から聞くさまざまな話との相容れないギャップだ。彼の話に私の奥底の何かがゆさぶられるような気がしてならないからこそ、なおさら悶々とするものがあるのだ。

「君は、人に親切にするとか、道徳観とか社会のルールとか、もっと言うと、世界の紛争とか貧困とか、世の中の不条理とか、そういうのをどう思ってるのかな。君の話を聞いてると、それは実際には起きてないことだから、どうでもいいっていうか、なんとも思わないみたいに聞こえてくるんだよね。君が言ってるのは多分そんなことじゃないと思うよ。思うんだけど、そんなふうに聞こえてしまう」

と私は言った。

「そう聞こえてもしょうがないね。ほんとうのことが見えてきたら、そうじゃないってわかるんだけど、それまでは、いくら言葉で説明を聞いても、あ、そういうことなんだってわかるようなことじゃないんだ」

何と答えればいいかわからず、私は彼の顔を見たまま黙った。

すると、

「でも大切なことを一応、話しておくよ。キミに質問ね。クイズって言った方がいいかな」

彼が言った。

「クイズ？」

「うん。いまから、四つのことを言うから、聞いて」

おもしろそうだ。

彼は、もったいつけるように間を置いて、

「まじめに生きてる人たちを応援すること、苦しんでる人たちに親切にすること、悪いことをしちゃう人たちにも愛情を持って接すること、人を幸せに導くおこないをすること」

ゆっくりと一つひとつ噛み含めるように言ってから、

「これ、なんのことを言ってるかわかる？」

と私の顔をのぞき込んだ。

私が思わず、

「ばあちゃんに言われたことと似てる」

言うと、

「そうだね、ばあちゃん、顔を見るたびに、いつもこんなことばかり言ってたね」

彼はうれしそうに答えた。

ばあちゃんのまん丸い笑い顔が、薄く雲のかかった遠くの空に浮かんだ。

「まじめに生きてる人、苦しんでる人、悪いことをしちゃう人、あと一つなんて言ったっけ」

「人を幸せに導くこと」

彼が言った四つの言葉は、Nがしきりに言っていたことと重なる。ばあちゃんの丸い顔と入れ替わるように、Nの縦長の角張った顔が浮かび上がって消えた。私は、四つの言葉を頭のなかでゆっくり繰り返しながら考えた。

頭上を仰いだまま考え込む私に、

「降参？　答え言おうか？」

彼がからかうように言ったが、

「いや、もうちょっと待って」

私は手で制して、しばらく考えてみたが、結局、一番はじめに浮かんだ答え以外は何も出てこなかった。

仕方なく、

「聖人みたいな人……キリストとか仏陀とか、ガンジーとか、そういう人たちがすること」

言ってみた。

「間違いじゃないけど、これはそんなすごい人たちに限ったことなんかじゃないんだよ」

微笑みながら彼は言った。

「わからない。ギブアップ。教えて」

「あのね、これは、ほんとうのことが見えてきた人の特質なんだ」

「君が言うほんとうのことが見えてきたら、そうなるってこと？」

「そう。自然にね。考えて、いいことをしようとか、親切にしようなんていうんじゃなくて、それが自然に出てくるの。それが当たり前のことになるっていうのかな」

「自然に、それが当たり前……」

どうもぴんとこない。

すると、

「どうしてそれが自然なことになるのか、わかる？」

と彼が訊いてきた。

考えるまでもない。

「わからないに決まってるでしょ」

私が答えると、彼は愉快そうに笑って、

「ほかの人っていうのは、ほんとうはぜんぶ自分なんだよ」

と言った。

すべてが自分であるという話はきのうも聞いた。注意が向いたものはぜんぶ自分自身なのだと。そのときにも感じたのだが、まったく理解できない話にもかかわらず、なぜか落ちつくというか、安堵のようなものを感じるのだ。これはいったい何なのだろう。


それと、いまの話を聞いていて、一つ思い浮かんできたことがある。

他者へのおこないについてだ。いま彼が言ったような大それたことではありはしないが、幼い頃から私には、人を喜ばせたいという思いがいつもどこかにあった。だから、たとえばまわりから何かを期待されるということがあると、その気持ちに答えようと、必要以上にがんばってしまうところがあったのだ。期待を自分の肩に背負うというのは、事がうまく運んでいるときは、いっそうの励みになるものだ。だが、一転して状況が向かい風になったり、期待に答えられなくなってきたりすると、そのとたん期待は、水を含んだ綿のようにずっしりと重い荷物になる。ときに、前にすすむことさえままならなくなる。

私がそれを話すと、

「そんなにがんばらなくていいのにね」

と彼は軽く言った。

「わかってるんだけどね」

「花は、誰かの期待に答えようとなんてしてないよ。ただ咲いてるよ」

「そりゃ、花はそうでしょ」

私が言うと、

「花と人間は違うって言いたいんでしょ？」

などと言うので、私は笑いながら、

「当たり前」

言うと、彼は首を横に振って、

「同じだよ」

けろりと言い放った。

「同じ⁉」

「うん」

彼があまりに当たり前のように言うので、

「あり得ない」

私はわざと呆れた顔で言ってやった。

だが彼はまったく意に介せず、

「それが思い込みなんだよ。花と人間はまったく同じだよ。キミは、人間が特別な存在だと思ってるよね。違うよ。まったく同じ現れなんだ。特別な存在なんかじゃないよ」

平然と言いのけた。

またまたわけのわからない話が飛び出してきた。花と人間が同じ？　まさか。花は考えたりしないし、悩んだりもしない。歩きもしない。

私がそう言うと、

「それは、キミが表面の現れだけを見てるからだよ。本質はまったく同じだよ」

などと言うのだ。

表面を見ているだけだと言われても、いまの私にはほかにしようがない。やはり、たんぽぽはたんぽぽで、人間は人間だ。人間は歩くし、考えるし、悩みもするし、感動もする。涙も流す。素晴らしい発明もする。何をどう考えたら、人間とたんぽぽが同じになるというのだ。あり得ない。

するとと彼はさらにこんなことを言った。

人は、ふだん、人間のためにつくられた人工物に囲まれて生活をしていることが大半で、そこばかりに目が向いていると、あらゆるものが人間のためにあるような錯覚を起こしやすい。だが、一歩自然に目を向けてみれば、人間のために存在したり、活動しているものなど何一つないことがわかる。人間が特別な存在ではないことがわかるはずだと。

たしかに自然は人間のために何かをしているわけではない。そこでは人間は決して特別な存在ではないかもしれない。だが、たんぽぽと自分が同じである、などとはどうしたって思えるものではない。

本来の自分

一年ほど前まで、公園の横を流れる小川の向こう側にかなり老朽化のすすんだ団地があった。私の目には昭和をしのばせる、どこか懐かしい光景として映っていたが、そこが空き地になり、いつのまにか大人の背丈を超えるほどの草で覆われている。私は、風になびく草のようすをぼうっと眺めながら、最近になって私に起きているある変化に思いをめぐらせていた。

何年も私に取りついたまま離れようとしなかったうつうつとした精神状態と、体のさまざまな不調が、少し前からわずかながら和らいできていたのだ。体重も戻りはじめていた。まったく予期せぬことだった。改善や回復という言葉そのものを、もうずっと前に捨て去っていたから。

だが、手放しでは喜べなかった。怖かったのだ。いつまたあの暗闇の底に引き戻されるかわからない恐怖だ。朝、起きると、まず自分の状態をおそるおそるたしかめる。悪くなければほっと胸をなで下ろす。だが、かすかにでも落ちた感覚を見つけると、いたたまれない不安に襲われるのだ。回復に向かっていると思われるこの状況を、喜ぶどころか、怯《おび》えしかないなどというのは、おそらく同じ経験をした者にしかわかり得ないことだろうと思う。

私は、どこからともなくわき上がってきた言葉をそのまま口にしてみた。

「結局さ、何がどうあろうと、あるべきように思考が現れて、あるべきように行動が現れてくるだけ。そこに怒りが現れるかもしれないし、悲しいことが現れるかもしれないし、うれしいことが現れるかもしれない。がんばろうっていう気持ちが現れるかもしれないし、何もしたくないって考えが現れるかもしれない。それは誰にもわからないし、そのあとに起こることも誰にもわからない。ただ一つ言えることは、人間が考え得るどんなことも超えて現れてくる。そういうことなんだよね？」

「うん」

「でも、それがわかったとしても、いきなり、きのう君が言ったみたいな人になるわけじゃないよね？」

「人を応援したり、導いたりっていうこと？」

「そう」

「そんなことないよ。いきなりそうならないとは限らないよ。それがあふれてきちゃう人もいるからね。もっと言うと、ほんとうのことが見えてくる前に、きのう話したようなおこないが先に出てきちゃう人もいる。それで、人のためにいろいろやってるうちに、あとからほんとうのことが見えてくるっていうこともあるんだ。だから、きのう言った四つのことは、とっても大切なんだよ」

「ふうん」

「でも、それよりね、人の考えつかないようなことがつぎつぎに起こるっていうことがほんとうにわかると、まず、たいていの場合、いろんなことがゆったりしてくるよ」

「ゆったり？」

「うん」

「よくわからない。たとえば、どんなこと？」

私が訊くと、彼はこんなふうに話した。

人は誰もが自分の思うようにならなくて、怒ったり、いらいらしたり、悲しみを抱えたりするわけだが、それが変わってくるのだと。まず、自分の思うようにならないこと自体が気にならなくなってくる。それによって、現れるものごとをコントロールしようという考えや、そのことと戦おうという考えが起きなくなってくる。

それから、わかりやすい感覚の一つとして、ものごとを二つ並べて比較するということが減ってくると彼は言った。代表的なものが、自分と他人との比較。誰もが、自分と他人を比較しては際限なく考えをめぐらせる。しかも、そのほとんどが、自分が劣っている部分についてだ。それをあれこれ考えては暗くなる。そんなことからも解放されていくのだと。

そして、これがとても大事なことだと前置きしてから彼が言ったのが、このことが見えてくると、大きな力への信頼が増していくということだった。その根拠を求めたり、証明しようとする必要もなくなると彼は言うのだ。つまり、大きな力への、無条件かつ絶対的な信頼が生まれるということらしい。そこには、ただただ静かで大きな安心があるのだと。

さらに彼は、

「その大きな安心があるから、不安とか心配が出てこないんだよ。だから、いろんなことが自由にできるようになるんだ。好きなことがなんでもできる、なんていうことじゃないけど、少なくともいまよりははるかに、躊躇したり、必要以上に迷ったりしないで、もっといろんなことができるようになるよ。ほんとうは、誰もがそういうふうに生きてるはずなんだけどね」

と言い足した。

「でも、そうは言っても、実際にはいろんな制限があるよね。経済的なこととか、時間とか、年齢だって」

「そういう発想自体から自由になれるんだよ。何かに縛られてると思ってるのは、頭がそう考えてるだけ。その考えそのものから自由になれるっていうこと」

「じゃあ、いま私が考えてるようなことも、できるかもしれないわけだ」

「キミが何を考えてるかわからないけど、できるかも、じゃなくて、できるよ。でも、これは、うまくいくとかいかないの話じゃないよ。迷うことなくチャレンジできるようになるよ、っていう意味だからね。そこは勘違いしないでね」

まあ、彼が言う大きな力を信頼しきるなどということが、私に起きるとは到底思えないが。

さらに彼は、

「でもね、ほんとうのことが見えてきたら、いまキミが思ってることが、そのときに同じようにあるとは限らない」

と言った。

「やりたいこととか望む内容が変わるっていうこと?」

「そう。おそらく、キミがいま思ってることは消えて、別のことが現れてると思うよ。ほんとうに大切なことが見えると、何かを求めたり望むっていうこと自体が変わるから」

なるほど。まあ、ありはしないとは思うが、万が一、そんなことが私に起きたら、どんなふうに変わるのか見てみたいものだ。


長い沈黙が流れた。不意に、事業を興した当時のことが切れ切れに浮かんできた。星空を見上げながらの帰り道、がんばっている自分を自分で励ましながら歩いたものだった。だが、夢や目標に向かって突きすすんでいくことに、私はほんとうに喜びを感じていたのだろうか。あの頃、私の胸中にあったものが何だったのか私自身わかるようで、じつはよくわからない。いま私が思うのは、あの頃と同じことなどできるはずもないし、やろうとも思わないということだ。

「生きるってたいへんだよね」

勝手に言葉がこぼれ出た。

すると彼は、宙を見つめながら、

「ずっと鬼ごっこをしてるからね」

ぽつりと言った。

「ああ、そうか。鬼ごっこか……」

私は黙った。再び沈黙が流れた。

どれほどしてか、彼が私に向き直り、

「一回、鬼ごっこをやめるんだよ。そうすれば、ほんとうのことが見えてくるから」

静かに言った。

私が何も答えずにいると、

「ほんとうのことが見えると、逆に、鬼ごっこが楽しめるようになるんだよ」

彼は微笑んだ。

「鬼ごっこが楽しめる？」

「そう」

「鬼ごっこで誰もがへとへとになってるって、君は前に言ってたよね。それに、幸せだって、つかまえたとしても、それもすぐに褪せちゃうんでしょ？」

「うん。それを楽しめるようになるんだよ。ほんとうのことが見えると、そういうことがぜんぶ楽しい遊びになるんだ。必死になってつかまえるようなものじゃなくてね。深刻にもなったりしないでできるようになる。だから疲れもしないよ。それ自体がおもしろいんだから。まあ、いくら疲れないって言っても限度っていうものがあるけどね」

彼はうれしそうに言った。

よくわからないが、そういうことらしい。おもしろい話ではある。だがまあ、これもほんとうのことが見えてきたらという話だから、いまの私が気にかけることでもない。

聞きながら私は、むかし好きだった、猫とネズミが追いかけっこばかりしているアメリカのテレビアニメを思い出していた。


それにしても、日々いろいろなことが起こる。私にとってその多くは困ったことか、起きて欲しくないことばかりだ。そんななかで少しでも平穏でいられる方法はないのだろうかなどと考える。

私がぼやくと、

「みんな、その起きた出来事に対して、どう対処するべきかってそればっかりを考えるんだよね。それか、そこからどうやって逃げようかって。そうじゃなくて大事なのは、それがどこに現れてるか、だよ」

彼は、大事なことだといわんばかりに私の顔をじっと見た。

「どこに現れてるか？」

「そう。それがどこに現れてるのか、それだけが大事なことなの。どこに現れてる？」

おそらく私がたいそう間抜けな顔をしていて、答えは期待できないと思ったのだろう、

「自分の頭のなかでしょ？」

彼はさっさと答えを言った。

なるほど。そういうことか。たしかにそうだ。

だが、すぐに思った。たとえば車で事故を起こしたときはどうだ？　頭のなかのことでは済まされないだろう。実際に目の前でそれが起きているのだから。

私がそれを言うと、

「たしかに事故のようすは目の前にあるよね。でもそれが問題になってるのはどこ？」

と切り返してきた。

私が口ごもっていると、彼はまた同じことを言った。

「頭のなかだよね」

彼はさらに、

「ボクは、何かが起きたとき、それを無視していいとか、どうでもいいなんて言ってるんじゃないよ。それに対してしなくちゃいけないことがあるなら、ちゃんとやらないといけないよね。大人なんだから。でもその前に、まず、それがどこに現れてるかを知らなくちゃだめって言ってるの。問題は、たしかに頭のなかに現れてるって。このことをほんとうにわかる必要があるんだよ」

と言った。

「ほんとうにって？」

「どう考えたってそうでしかあり得ないっていう感覚。どんなことが起きてもそうとしか思えないっていうこと」

上っ面でわかってもどうにもならないということか。

さっきまでかすかに吹いていた風がいつのまにかなくなっていた。団地跡の空き地の草に目をやりながら、彼と話しはじめたばかりの頃のことを思い浮かべていた。

「あのさ、君が話してることは、ほんとうは私が知ってるはずのことで、しかもそれは私自身のことなんだよね？」

「そうだよ。何回も言ってるけど」

「ていうことはだよ、君が話すことが何もわかってない私は、自分のことをまったくわかってないっていうことになるわけだよね」

「そう。でも、これはキミだけに限ったことじゃないよ。世界中のみんなだから」

「世界中？」

「うん。みんな、自分以外のことはすごくいろいろ知ってるのに、一番知らなくちゃいけない自分のことをなんにも知らないんだ。それで苦しんでるの。自分自身のことがわかったら、ぜんぶ解決するのに」

つづけて彼はこうも言った。

誰もが現実だと思い込んでいるあらゆる存在が、じつは幻覚でしかなく実体などない。たとえば、そこに物があるといっても、実際には五感がとらえた印象として現れているだけ。誰かがそこにいるといっても、それも五感がとらえた印象として現れているだけなのだと。

私たちが物体という認識しか持てない体にしても、五感がとらえた印象として現れているだけであり、その印象を自分と結びつけているだけなのだと彼は言う。そして、それがどこに現れるのかといえば、自分のなかだ。それ以外に現れる場所などないと。

さらに、それをとらえている自分らしきものでさえ、よくよく見れば、それは空洞でしかなく、そこにさまざまな印象が現れては消え、現れては消えている。空洞そのものでありながら、同時にそこに現れる、つねに変化しつづけるあらゆる印象としての存在、それが本来の自分なのだと。

それなのに人は、自分なるものが何か一定の要素で成り立っていて、理屈で定義づけができるようなものと思い込んで探しているために、いつも目の前にあるにもかかわらず、見逃してしまっていると彼は言うのだ。

そして、私の顔を見つめながら、

「もしキミが、このことを見抜くことができたら、その瞬間にキミの苦しみはぜんぶ溶けてなくなるよ」

そう言って微笑んだ。

いまある現れだけ

彼と会ってから、ずいぶんいろいろな話を聞いてきた。毎日のように、なんとなく思いついた質問をしては、そのたびに私には理解のおよばない答えを受け取って、さっぱりわからないままに、ふうん、そうなんだ、とつぶやいて、まあ、それが楽しくもあったわけだ。わかろうとか、わかりたいという気はあまり起きない。しかも、彼が言うには、自分自身のことをわかっていないというのは私が特別なわけではなく、世界中の誰もがそうだというのだから、妙な安心があったりもする。

それでも、ほんとうは私が知っているはずのこと、などと何度も言われると、もう少し手ごたえがあってもいいのではないだろうかとか、何か一つくらいひっかかるようなものがあってもよさそうなものではないか、と思わないでもない。

そんな私の気持ちを察してか、彼は私の顔を見るなり、きょうからしばらく私にもわかりそうな話をする、と楽しげに言った。

はじめに彼は幸福について話した。

前に、私が幸せについて尋ねたとき、彼は、多くの人が知らないほんとうの幸せについて語ったが、それとはまた別の側面からの話だった。

彼いわく、人というものは、いつも記憶に残ったことばかりを相手にして暮らしている。まるでほかのことなどなかったかのように。そして、誰もが、その記憶に残るような出来事のなかに幸福を求めたり、探したりしている。だが、実際には、記憶に残っていること以外にも、出来事はつねに起きていると彼は言った。じつは、一日の大半がそのような記憶にも残らない出来事で埋め尽くされているのだと。

そして、

「そこにほんとうの幸せがあるんだよ」

と言った。

つづけて彼は私に、朝起きてからいまこのときまでのことを、できるだけ多く思い返してみるように言った。言われた通りにやってみた。まず朝起きて、ベッドから出て、寝ぼけたままよろよろと洗面所に向かい、電気をつけ、鏡の前に立ち、それから……。

彼に言われるまでは、朝からいままでのあいだのことで、私の記憶のなかにあったのは、パソコンがネットにつながらず、朝からいらいらしたことと、道路を横切ろうとしたとき、走ってきた自転車に気づかず、自転車の若者ににらまれ舌打ちされたことが、あとになってじわじわ怒りがわき上がったことの二つぐらいのものだった。もし、きょうこのあと、取り立てて言うようなことがなければ、私のきょうという日は、この二つの出来事で塗り潰されるわけだ。もしくは、誰かに、「きょう何かあった?」と訊かれたら、「いや、とくに」と、そんな答えをする一日にすり替わっていたに違いない。

だが、無理にでも思い起こしてみると、彼の言う通り、記憶に残っていることよりもはるかに、というか、比べものにならないほど多くの出来事が、途切れることなくつぎからつぎへとつづいていた。「とくに」などと言っておしまいにできるような一日ではない。

私がそう言うと、

「その記憶にも残らない時間のなかには、悩みとか問題なんてなかったでしょ? 苦しみもなかったでしょ?」

彼が訊いてきた。

「まあ、そうかな」

私が半信半疑のまま答えると、

「それを幸せって言うんだよ」

彼は、きっぱりと、力を込めて言った。

たしかにそこに悩みや問題はない。それはわかる。記憶に残らないようなことが起きつづけていることも新しい発見だ。だが、そこに彼が言うほんとうの幸せなるものを見つけられるかといえば、それはまた別の話で、まったくわからないとしか言いようがない。


こんな話もあった。

彼が突然、

「いまっていう時は二つある?」

と訊いてきた。

もちろんあるわけがない。

「いまじゃないときに行ったことがある？」

と二つめの問い。

これもあるはずがない。

さらに、

「いまじゃないときに音は聞こえる？」

と訊いてきた。

聞こえるはずがない。そもそもいまではないときに音が存在できるはずがない。見えるものも、においだって、何かに触った感触だって、いま現れる。つまり、すべてがいま現れるのだ。

私がそう答えると、彼は満足そうに微笑んで、

「そうなんだよ。ぜんぶいまにしか現れないんだ。いまにしか物は見えないし、いまにしか音は聞こえない」

言うと、彼はつづけて、

「いまキミの目にはボクが見えつづけてるよね。ずっと。これ、どういうことかわかる？」

と訊いてきた。

「いまがつづいてるってことかな」

「そうなんだ。いまはなくならない。みんな、いまっていうのを、この瞬間みたいに思ってるんだけど、そうじゃないんだよね。いまはずっとつづいてて、なくなることがないんだ」

「なるほど」

これは私にも理解できる話だった。努めてさり気なく返事をしたが、じつのところ、やっと理解できる話に出会い、私は内心いい気分だった。

「このことがほんとうにわかると、いろんなことがものすごく単純なしくみで動いてることがわかるよ。ごちゃごちゃとああだこうだって考えて、悩んだり、苦しんでたことが、ああ、いままで自分は何をやってたんだろう、って思うよ。どうしてかっていうと、これがわかると、ほとんどの問題とか悩みが消えちゃうから。ただし、ほんとうにわかったらね」

ほんとうにわかったら……か。二、三日前にも言っていた。上っ面の理解ではだめだと。

つぎに聞いた話は、正直、認めたくないことでもあったのだが、認めざるを得ない話だった。なぜ認めたくないかといえば、この世の中は、自分の都合などというものは一切通らない、という話だったからだ。

彼は、こう切り出した。

「人は、みんな、自分の気に入らないことがあると、それを変えよう、変えようってがんばるよね」

「それは当たり前でしょ」

私が言うと、

「でもね、嫌だろうとなんだろうと、そんなことにおかまいなく起きるべきことが起きてるんだよ。それをほんとうはみんなわかってるはずなのに、認めたがらないんだよね。いま自分の目の前に現れてることは、どうやったって動かすことはできないんだって早く認めなくちゃ。子供なら嫌だ嫌だってごねるのもしょうがないと思うけど、大人がそれじゃあ、なんともね」

と大人びた言い方で呆れた顔をしてみせた。

私が返す言葉を見つけられずにいると、彼はさらに、

「だって、それが現れることを前もって止めることなんてできなかったはずだよ。それ

が嫌なことだったとして、もし止められるんだったら止めてたはずだもの。でも、それができなかったからそれが現れたんだよね。キミも自分でたしかめてみなよ。ぜんぶそういうふうになってるから」

と言うと、つづけて彼はいくつもの例をあげて、人が何一つとしてコントロールなどできていないことを説明した。誰かが怒ること、誰かが笑うこと、風が吹くこと、太陽の位置、日差しの強さ、雲のかたち、雲が流れるようす、雨が突然降り出すこと、気温や湿度、外を走る車の速度、道が渋滞すること、電車が遅れること、応援している野球のチームが勝ったり負けたりすること、そして、私がこの病にかかったことにも触れた。たしかにそうだ。彼の言う通り、あらゆることが人間の都合などおかまいなしに起きている。それをコントロールすることなどできない。

すべてがそうなっている……。

だが、誰かが笑ったり、怒ったりするのは、自分が関わってそれを起こす場合もあるのではないか、と訊くと、それに関わったり、笑わせたり、怒らせたりすること自体が大きな力がやるのであって、誰かがそれをコントロールしているのではないと彼は言った。そんなことは誰にもできないと。

きっとそうなのだろう。だがやはり、自分という存在が何もしておらず、何も考えたこともなく、何も選んだりもしていないというのは、わからない、というか納得できない。

つぎの話では、おもしろいことが起きた。彼の話が、忘れ去られていたはるかむかしの記憶を呼び覚ましたのだ。

彼が唐突に人差し指を立てて、

「指を一本出しているボクがいま見えてるよね？」

と言い、すぐに指を二本にしてみせ、

「いまは二本だよね？」

と言った。

私は彼の意図を読めないまま、あいまいに答えると、彼はさらに、

「さっき指を一本出してたボクはもういないよね？」

と訊いてきた。

「まあ、そういうことになるね」

「これ、どういうことかわかる？」

私は、少しばかり考えてみたが、すぐにあきらめ、答えをうながした。

「いまある現れしかない、っていうこと。前のものはきれいに消えちゃうんだ。どこにも残らない。だけど、みんなは、さっき一本だったのが二本になった、って考えるんだよね。ほんとうはそんなことは起きてないんだよ。いまある現れしかない。一瞬前はどこにもないんだ。だって、実際ないよね、どこにも」

彼はさらに、

「さっきのボクの声もどこにもないよね？」

と言い、私の顔をじっと見た。

言うまでもないことだ。どこにもない。あるわけがない。だが、それが何だと言うのだ。

すると彼は、

「大人は、みんな目の前にないものを、あるって言い張るんだよね。自分からわざわざそのことに縛られて苦しんでるんだ」

と言うと、つづけざまに、

「いまはもうない誰かの言葉に縛られてない？　いまは目の前にない問題に縛られてない？　いまは目の前にいない誰かとの関わりに縛られてない？」

と訊いてきた。

もちろん縛られているに決まっている。一日中、一年中ずっと、目の前にないことばかりを考えている。だがそうでない人などいるだろうか。子供はどうだかわからないが、大人とはそういうものではないか、などと考えていると、突然、何十年も思い出されることのなかった遠い記憶がよみがえった。

「いまの君の話を聞いてて思い出したことがあるんだけど」

私はその内容や当時私が感じていたことを話した。

中学に入ったばかりの頃に感じていたことだ。私には、まわりのみんなとは違う妙な感覚があった。あの時代、私は部活の連中や、クラスの仲間、小学生時代からつづく近所の友だちなど、仲のいい友人たちに囲まれていたが、彼らが私の目の前にいないときには、いま別のどこかにいるとは、どうしても思えなかったのだ。友人だけではない。親も親戚も近所のおじさんおばさんもだ。ただ、こんなことは人には言えない、というか言ってはいけないことのような気がし、密かに胸の奥に閉じ込めたのだ。

「これって、いまの君の話と関係ある？」

私は訊いた。

彼は、満面の笑みで、

「あるある。大ありだよ。それがほんとうのことだもの。キミは、知らないうちにほんとうのことを感じ取ってたんだよ！」

めずらしくはしゃぐように言った。そして、いまこの場がすべてであること、ほかには何もないことを、いくつもの例をあげて話した。

彼の説明を聞くほどに、私はほっとしたような、大きな荷物を一つ下ろしたような安らぎとも軽さとも言える感覚に包まれるのを感じた。多分、当時私の胸にわだかまっていた、ある種の引け目にも似た思いが、彼の言葉の一つひとつによって、やっと解き放たれたのではないかと思う。


沈黙が流れるなか、いまの話につられるように、私はもう一つ、若い頃のことを思い出していた。彼がよく言う、大人は意味や意義を見つけようとするが、そんなものはない、という話にまつわることだ。

思い返してみると、夢を追いかけるようになる以前の私は、意味とか意義のようなものを考えたことがなかったように思うのだ。親から言われたこと、教師から言われたこと、会社で上司から言われた指示などに対して、まわりの仲間はよく、それをやらなければならない意味や意義を思い、不服や不満を漏らしていた。ときに、その理由を問い質してみたり。理由がないと納得できないかのように。

だが私は、「やれ」と言われたことを、まるで鉄砲玉のように何を思うこともなくやった。逆に、その必要性や意味などの説明を聞かされるのが面倒くさくてたまらなかった。理由や意味などどうでもよかった。言われたことをただやるだけだった。誰かに言われたことではなく、自分から何かをやるときにも意味や意義を考えたりしたおぼえがない。ただそれをやっていた。もしあの頃に、彼の話を聞いていたら、すべてに意味や意義などない、ということをその場で合点していたかもしれない。そんなことをぼんやり考えた。

それから、こんな話もあった。シンプルな話だが胸に残った。

彼が私の顔をじっと見ながら、

「キミは、いま生きてるよね？」

と訊いてきた。

唐突というか、あまりにも当たり前すぎる問いかけの意図をつかめないまま、

「生きてるけど……」

私は答えた。

「生きてるよね。でも、人って自分が生きてることを忘れちゃうんだ。いのちが危険にさらされたり、失われそうになってはじめて思い出すんだよね。おかしな話だよ。いのちがあるから、ぜんぶが現れるのに。こんな大切なことをすっかり忘れたまんま、大切じゃないことにいつもあたふたしてるんだ。とくに大人はね」

大切なこと。大人はそれを忘れ、大切ではないことに振り回されている。彼がよく言う言葉だ。

彼に言わせれば、私は、ずっと大切なことを見逃したまま生きている、典型的な大人ということになるわけだ。

実在と影

今年の梅雨は雨が少ない。加えて、冷夏になるだろうとの予報通り、いまのところ気温の上がらない日が多い。できるだけ公園で時間を過ごしたい私にとってはこれ以上のプレゼントはないわけだが、この冷夏という言葉を聞くたびに思い出す情景がある。

二〇代終わりのある夏、当時勤めはじめたばかりのイベント運営会社でのことだ。大手広告代理店の下請け仕事で、海外のアイスクリームブランドを日本で展開する宣伝活動の一つとして、丸々ワンシーズン、湘南の海水浴場でブランドを冠した海の家を運営するという業務に携わった。どういうわけか新米社員の私が担当者に選ばれた。

シーズン中ずっと、会社から指示された、たいそう古い民宿に泊まり込んでの仕事だ。つい一年半ほど前まで、湘南に住みつき、ろくに働きもせずにサーフィン三昧の生活を送っていた私が、後ろ髪を引かれる思いで東京に戻って定職についたと思ったら、またすぐにこのようなかたちで湘南に舞い戻ることができたのは、ひと夏だけのこととはいえ、まったく予想し得ない、彼の言う大きな力なるものからの贈り物だったという以外にない。

だが、これは遊びではない。しかも、ある程度まかされての仕事だった。何かを見込まれたのだろう。まわりの海の家とは明らかに異なる様相の、華やかに装飾された外観は、いやが上にも私の意欲をかき立てた。本来取るべき週二日の休日も「必要ない」と会社に申し入れた。条件つきで受け入れられた。

海開きに向けての準備は着々とすすんでいった。私は指示された以外のこともすすんでやった。宿に戻ってからも夜おそくまで、予算のかからない企画を練ってみたり、アルバイトスタッフの指導についてあれこれ考えてみたり、準備段階の進捗状況を、電話での報告とは別に詳細に書き記し、毎晩、ファックスで会社に送ったりもした。

そんななか、開業日が近づくにつれ、ある不安材料が現実味を帯びていった。

その年の夏は、近年にない冷夏となったのだ。前々からそのような予報があったにはあったが、ここまでの冷夏になるとは誰も思わなかったのではないか。実際、社の人間も、広告代理店の担当者も楽観的だった。だが、それはあっさり裏切られた。

海開き後も、七月とは思えぬ肌寒さがつづいた。雨の日も多く、挙げ句に夏だというのに北風を引き連れた横殴りの雨が降り出す日まであった。サーファーでもない限り、こんな日に、水着になって海に飛び込もうなどと誰も思いやしない。

どうすることもできない状況を、どう受け入れればいいのかわからぬまま、雨で黒く湿った人気《ひとけ》のない砂浜をいつまでも眺めていたのをおぼえている。

そんな二十五年以上も前の郷愁を連れ立ったとめどない思考は、いつのまにか、彼がよく口にする大きな力なるものについての思案に入れ替わっていた。

この世の中は、たった一つの大きな力によって運ばれている。その大きな力は、私たちが現実と思っている現れのすべてであり、私たちが体験できるすべてであり、その現れこそが自分自身なのだと彼は言う。その自分自身の存在を否定できる者はいないし、それが途切れることもない。私にいま目の前のようすを見せている力であり、これから、私が見ることのすべてを決めている力なのだと。

いまの私には、その力にすべてをゆだねるなんぞ到底できることではないが、そのような力があるらしいことだけは、根拠なしに信じられる気がしている。

ふとこのことについてもう少し聞いてみたくなった。

私がそう言うと、彼はうれしそうにして、少し考えてから、

「キミは、自分がいつ生まれたか知らないでしょ？」

と訊いてきた。

「いつ生まれたか？　なにそれ。誕生日のこと、じゃないよね」

私が訊き返すと、彼は吹き出して笑い、

「違う違う。自分が誕生した瞬間を知らないよね、って言う意味」

と言った。

「ああ、そういうことね。もちろん知らないよ。知るわけないでしょ」

彼が言いたかったのは、こういうことだった。

いつのまにか生きているという、それこそが大きな力の存在であり、それがすべてを運んでいる。私たちが何をどうしようと、何を望もうと、何を嫌おうと、一切おかまいなしにすべてを運んでいるのだと。実在するのは、その大きな力だけで、すべての現れは、その影のようなものなのだと彼は言うのだ。

大きな力の上に、いま自分は困っているという思考が現れたときに、人は自分が困っているという思い込みを持ち、大きな力の上に、いま自分は楽しんでいるという思考が

現れたときに、人は自分が楽しんでいるという思い込みを持つ。すべて思考の創作物であり、大きな力の影に過ぎないのだと。

さらに、彼はこうも言った。

これが私にはどうにも理解しがたいことなのだが、誰かと自分という対立する構図は存在しないと言うのだ。では、私と誰かが話をするというのはどういうことなのかと訊けば、大きな力そのものがしゃべっているのだと言う。誰かがいるのではないと。つまり、いまのこの状況で言えば、私が彼に何かを質問したと思っているのは、ただの思い込みでしかない。誰一人として話などしていないし、誰かが誰かに質問をするなどということは起きていない。空間がしゃべっているだけだと言うのだ。前にも聞いたが、なんともふざけた話だとしか言いようがない。

とにかく、これまでに彼が何度も何度も繰り返し口にしたのが、個人は存在しないということだった。空間がしゃべっているというのも、要は、個人は存在しないということなのだが、それをまた別の角度から彼はこう話した。

行為をする個人も、体験する個人もない。それなのに、誰もが個人が行為を起こし、個人が何かを体験していると思い込んでいる。そこから見える世界は、どうしたって欠陥だらけに映る。人は、その欠陥だらけに映る現象を嫌い、ときに怒り、ときに悲しむ。そして苦しむ。

だが、それがどのように映ろうと、私たちがどう思おうと、ただ起きるべきことが起き、起きることになっていないことは起きない。たとえば、もし、ある人がそれをどうしてもやりたくないと考えても、その人がそれをやるようになっているのなら、いくら逃れようとしても、それをやることになる。反対に、その人がそれをやらないようになっているのなら、それをどれだけ求めても、やることにはならない。それも個人に起きているのではなく、ただそのようすが現れるだけなのだと彼は言う。

自分が何かをやっているという誤った思い込みが、人を苦しめている。誰もが抱える困難や問題のようなものも、自分が行為者であるという誤った思い込みが消え去れば、跡形もなく溶けて消える。反対に、自分がそれをしているという思考がある限り、よくも悪くも、人はその結果を背負いこむ。それが成功と呼ばれたり、失敗と呼ばれたりする。だがもし、誰のためでもなく、自分のためでもなく、なんの見返りも、結果への期待も一切なしにそれがおこなわれたとすれば、その行為に人が縛られることはないと彼は言うのだ。

だが、さすがにこれには私も、

「自分のためでもなく、結果を求めずなんて、聖人君子じゃあるまいし」

と言い返さずにはいられなかった。

すると彼は、

「違うよ。ほんとうは誰もがそうなんだよ。生まれたときから、誰もがそういうふうにしてるよ」

さも当たり前のように言う。

そして、これらのことを知るのは決してむずかしいことではなく、極論を言ってしまえば、個人という錯覚が消えるだけのことだと彼は言うのだ。これを知るためには、大きな力の活動から離れて勝手に活動できる個人が存在するという誤った考えから、いますぐ離れるべきだと。そして、個人の上に現れる人生と呼ばれるもののあらゆる重荷を大きな力に引き渡してしまえと。

さらにこうも言った。

自分が喜びのなかにあろうと、悲しみのなかにあろうと、その現れの中身が重要なのではなく、それを誰が体験しているのかということに目を向けるべきであり、もしそこに、さ迷える思考が現れているなら、それが誰に起きているのかを見るべきだと。問題のように見えるそれは、どこからやってきて、誰が体験しているのかを見るべきだと。

たとえば、なぜ自分にこんなことが起きるのか、という出来事に出会ったとき、それは誰が起こし、誰が体験しているのかを思い出せと彼は言うのだ。

「キミが起こしてるんじゃないし、キミが体験してるのでもないよ」

「君が言うんだから、きっとそうなんだろうね。でも、それじゃ問題は解決しないよね」

「問題を解決するしないの話をしてるんじゃないよ。問題を問題と決めつけてる考えそのものを、大きな力に預けるんだよ。不安とか心配もぜんぶ預けちゃうの。それだけなんだよ。ものすごく簡単なことなんだけどなあ」

彼は言った。

前にも彼は、悩みや問題についての話をしたときに、問題そのものを放っておくのではなく、それを問題だと決めつけている思考から離れるのだと言った。そして、そのときも、いまと同じように、簡単なことだと言っていた。何が簡単なものか。いらっとする。

「君には簡単かもしれないけど、私は君とは違うんだよ」

投げやりに言った。

すると、

「何がどう違うの？」

と訊いてくるので、

「君は夢のなかの存在で、私は現実を生きてるの」

つっけんどんに言ってやった。

すると彼は、

「それ、反対かもよ」

言って、いたずらっぽく笑った。

私の方が夢で、彼の方が現実？　馬鹿なことを。

だが考えようによっては、それもおもしろい。つまり私は夢のなかで生きている。そうであるなら、これほど気楽なことはない。ぜんぶ夢なのだ。苦しみもぜんぶ夢のなかのこと、ということになる。いや、ちょっと待てよ。それならば、仕事はどうなる？　家族はどうなる？　この現実が夢だなどとは、やはりどう考えてもあり得ないことだ。

完成されたもの

幼い頃より私は、どういうわけか雲を見るのが好きで、見晴らしのいい場所を見つけては長いこと一人で眺めていたものだった。さすがに大人になってからは、長い時間見つづけるようなことはなくなったが、根本は何も変わってはいない。いまでもふと空を見上げたとき、その壮麗さに圧倒され、しばし見入ってしまうことがある。絵でも写真でも、もちろん言葉でも表現することのできない、存在感、光の反射、輝き、色のコントラスト、透明感、そして、移り変わるはかなさ。雲を雲以外で表現することはできない。

彼が口にする私の理解を超えたさまざまな話は、この雲と同じようなものなのではないだろうかと、しばらく前から思いはじめている。前に、私が世の中の不条理とか倫理観といったことについて尋ねたときに彼が、言葉で説明を聞いてもわかるようなことではない、と口にしていたことが思い返される。彼が話すのは言葉だ。当たり前。だが、私が実際に彼から受け取っているのは、言葉ではない何かのような気がしてならないのだ。

改めて話すことが思い浮かばないまま、私たちのあいだに静かな時が流れた。肌をなでるかすかな風に誘われて頭上を仰ぐと、これから着陸に向かう旅客機が、雲のない濃い水色の空を低く横切っていく。そのはるか向こうの高い空には、二本の真っすぐな飛行機雲を残しながら上昇していく小さな機影が見える。空は、どこまでも高く、どこまでも広い。

ともあれ、きょうは、よく聞き、よくしゃべり、よく笑った。

安らぎとも満足とも表現できる、やわらかな感覚に浸りながら、ふとこんなことを思う。もしこれを幸福と呼べるなら、いままで私はいったい何を求め、何に苦しんできたのだろうかと。

すると、彼が何かを思いついたように、私に顔を向けた。

「一つ話しておきたいことがあるんだけど」

「なに？」

「もしキミにほんとうのことが見えてきたときの話」

「なんだよ、急に。ない、ない、ない。あるわけないから」

私は声をあげて笑った。

「かもね。でも絶対にないとは言えないよ。何が起こるかわからないからね。ほんとうに。とにかく一応話しておくよ。あり得るとかあり得ないじゃなくて、すごく大切なことだから。聞くだけ聞いといて」

「いいけど……」

あまり気乗りのする話ではないが、めずらしく彼が、これだけは聞いておいて、などと言うのだから、まあ聞いておこう。どうせほかにやることがあるわけでもないのだから。


彼はこんなふうに話した。

ほんとうのことが見えてくると、夢ややりたいと思うことが変わってくる。やがて、こうでなくてはいけない、ああでなくてはいけない、こうあるべきといった考えやこだわりが消えていく。あれが欲しい、これが欲しい、あれがないと困る、これは失いたくない、といったことも消えていく。欲や執着が薄まっていくということだ。こうなってくると、世の中の出来事にいちいち振り回されることが極端に減ってくると彼は言った。

自分に対しても、他者に対しても、社会に対しても、ああなって欲しい、こうあるべきだということが薄まれば、ごく自然に、嫌なこと、困ったこと、起きて欲しくないことがなくなっていくのだと。

「君が前に言ってた、自然にゆったりしてくるってことだね」

「そうそう」

「じゃあ、自分と他人を比べて苦しんだりすることがなくなったり、大きな力への信頼が現れるっていうのも、ここに入ってくるわけだ」

「ここに入るっていうか、いっしょに現れてくるものだね。いろんなことに縛られなくなって、大きな力に安心してまかせられるようになってくる」

そう言い終えると彼は、私の顔を見つめて、

「これが一つめの平和」

と言い足した。

「平和？」

「そう。ほんとうのことと平和は同じことだから」

「ふうん。そういうことね。私にはわからないけど。で、一つめっていうことは、いくつもあるっていうことだ」

「そう」

「いくつあるの？」

「三つ」

自分に関係あるとかないとかではなく、三つある、ということに単純に興味がわいた。彼はつづけてこう話した。

さらにほんとうのことが見えてくると、すべてが幻覚だということがわかる。いままで現実だと思っていたすべてが夢のなかのことだったとわかるのだと。そこでは、何も起きておらず、他者の存在もなく、自分という存在もない。ただ静寂だけがある。いまの現れだけがあり、そのとどまることなく移り変わっていくようすを、幻覚であると知りつつ、まるで仮想の現実を楽しむかのように過ごすのだと。

また、物や体が、ただ現れては消え、現れては消える現象として存在していることがはっきりわかる。それにより、人生と呼ばれるもののなかに現れるあらゆること、生きることも、老いも、病気も、死でさえも、幻覚のなかに現れる変化の一つに過ぎないということもわかるのだと彼は言った。

ここでは問題が起きることはなく、当然、悩みや、恐怖や不安、後悔も現れることはない。苦しみそのものが存在せず、苦しんでいる個人も存在しないのだと。

これが二つめの平和だと彼は言った。

「なんだかすごい話だね。二つめまで行くのもかなりたいへんそうだ」

私は笑いながら言った。

「たいへんっていうことはないよ。誰にでも起きる可能性のあることだから」

「私にも？」

本気で訊いたわけではない。冗談半分だ。

「もちろん」

「ふうん」

一応、可能性としてはあり得るわけだ。どのくらいの可能性なのだろうか。

「ただ、この二つめの平和をゴールみたいに勘違いしちゃうことがあるんだよね。この話をキミにしておこうと思ったのは、そのことがあったからなんだ。なんにも起きてないとか、ぜんぶが幻覚だっていうのはたしかにほんとうのこと。でもね、それはほんとうのことがぜんぶ見えたとは言えないんだ。途中の景色なの。キミが遠足で山登りにきたとするね」

遠足ときたか。やっぱりこのへんは小学生だ。ずっと話を聞いていると、彼が少年だということを忘れてしまうことがある。どこぞの賢者と呼ばれるような人が話しているかのような錯覚を起こすことがあるのだ。

「山道を登ってる途中で木のあいだから、きれいな湖がちょっとだけ見えたみたいなものなんだよ。それは嘘なんかじゃない。ほんとうの景色はほんとうの景色。でも、頂上に着いたら湖のぜんぶが見えるんだ。そのときに見える湖は、途中でちょっと見えたのとはぜんぜん違う。その大きさとか景色にびっくりするよ。それが三つめの平和」

「でも、二つめも平和は平和なんだよね？」

「もちろんそうだよ。だからそれをたっぷり楽しんだらいい。でもね、ここで止まっちゃうと、世の中とちょっとズレた感じって言うのかな、キミが前に言ってたみたいに、世の中のことなんかどうでもいい、みたいな間違った感覚にもなりかねないんだ。ちょっと危うい感じ。本人もこれがほんとうの平和じゃない、ってどこかで感じるはずなんだけど、ふわふわした感じが居心地よくて、それ以上ちゃんと見ようとしなくなっちゃうんだ。でも、それじゃあだめなんだよね。ここは、まだほんの一部なんだっていうことを忘れないでほしいんだ」

「ふうん。まあ、万が一そんなことが起きたらね」

私は笑って答えた。

それから、彼は少し間を置いて、

「じゃあ、三つめはどんな平和なのかっていうと、これは二つのことがいっしょに起きるんだ」

と言い、こんなふうに話をつづけた。

いよいよほんとうのことが見えてくると、二つめの平和のなかでは、すべてが幻覚であるということを知って、仮想現実を楽しむかのように過ごしていたあらゆる現れが、三つめの平和のなかでは、そのすべてがまぎれもない真実であり、またそのすべてが自分そのものとなって現れる。ここで言う自分というのは、二つめの平和で溶け去った自分ではなく、絶対的な主体のようなものなのだと彼は言った。この絶対的というのは、無条件、無制約というような意味合いらしい。すべてを飲み込むのだと。

そして、このとき、二つめの平和とは比べものにならない大きな平和が現れるのだと彼は付け足した。二つめの平和は、いわば不動の静けさによってもたらされる消えることのない平和。これも嘘などではない。だが、これは真実の一面でしかない。対して、三つめの平和は、善や悪、悲しみや喜び、苦しみ、老い、病、死、あらゆるものが映し出される、いわば泥まみれの現象世界の真っただ中にありながら、すべてを突き抜けて存在する絶対的な平和なのだと。そして、ここに真実の全体が浮かび上がってくるのだと彼は言った。

「で、このときに、もう一ついっしょに起きるのが、前に話したことなんだけど、わかる？」

「わからない」

「ぜんぜん考える気、ないでしょ」

私は即答した。

「考えたってわからない」

私が言うと、彼は声を立てて笑って、

「ほんとうのことが見えた人の特質だよ。四つ。おぼえてる？」

私の顔をのぞき込んだ。

ほんとうのことが見えた人に現れる四つの特質。善良な人々への支援、苦しみのなかにある人々への慈悲、悪に流されている人々への恩情、そして、人々を幸福に導くおこない。自分と他者の区別がなくなることに合わせて、これらの行動が自然に現れてくる。これが三つめの平和だと彼は言うのだ。

「要するに、このおこない自体が平和っていうことなの？」

「そういうこと。平和っていうのは、おこないなんだよ。言っとくけど、おこないによって平和が生まれるんじゃないよ。そんなことは起こり得ないからね。そこは勘違いしないでね。おこないそのものが、もう平和なんだ」

そのおこないが平和をつくるのではない？　ふつうはそう考える。これまたわからない。しきりに首を傾げる私を見て、彼は小さく笑った。

「じゃあ、いま君が言った三つが順番に起きていくってことになるのかな？」

私は訊いた。

「そうじゃないよ。どれがどう起きるかはわからない。順番に起きることもあるし、いきなり三つめの平和が現れちゃうこともある。でも言えるのは、二つめの平和には、一つめの平和が入ってて、三つめの平和には、一つめも二つめも入ってる。だからもし、いきなり三つめの平和が起きたら、もうそれでぜんぶが起きたことになるわけ」

「でもさ、聞いてて思ったんだけど、二つめの平和は、困ったことも起きてなくて、苦しんでる個人もいない、そういう平和でしょ？」

「そうだよ」

「三つめは、二つめも含んでるんでしょ？」

「そう」

「なのに、三つめになると、人に手を差し伸べるようなおこないが出てくるの？　なんだか、おかしくない？」

「頭で考えると、そんなふうに思えるよね。でもね、実際にはそうじゃないんだ。三つめの平和は、そんなことにひっかかったりしないんだ。矛盾のように感じるだろうけど、そういうのもぜんぶ飲み込んでるんだよ。二つめの平和もあったままなの。三つめの平和には、なんの制約もないから」

「さっき言ってた無条件、無制約ってことね」

「そう」

「私にはさっぱり理解できないけどね」

投げやりな私の言い方に、彼はくすくす笑ってから、

「でね、もう一つすごく大事なことがあるんだ」

と言った。

「大事なこと？」

「うん、すごく大事なこと。聞きたい？」

「ここまで聞いたら、聞きたいに決まってるでしょ」

私が言うと、彼は満足げににっこりしてこう言った。

「二つめの平和って、話を聞くだけだと、ちょっとふつうの感覚じゃないよね。何か特別なことみたいに感じるでしょ？」

「そうだね。特別な人って感じ。悟りの境地にいる人、みたいな」

「三つめの平和が見えると、そういうのが消えちゃうんだ。なくなっちゃうの」

「え、わからない。いま君は、二つめもあるって言ったよね」

「言ったよ」

「なのに消えちゃうって、意味がわからない」

「ありながら、ないっていうこと。ないながら、ある」

「ますますわからない」

「あるけどない、ないけどある、いまはそれをそのままに聞いといて」

わからなくていいからそのまま聞いておけ、か……。まあ、いい。どうせいままでだって、ほとんど何もわかっていないのだから。私は黙って軽くうなずき、先をうながした。

「三つめの平和が見えるっていうのは、違う言い方をするとね、ぐるっと一周回って、もともといた場所に帰ってくるっていうことでもあるんだ」

「もとの場所に帰る？」

「ふつうの人になるって言えばいいかな」

「ふつうの人？」

「そう」

「ふうん。ふつうの人ねえ。ぜんぶ知って、ふつうの人になるんだ」

「そういうこと。ぜんぶがふつう。でもね、もとの場所に戻るって言っても、そこに見えている景色は、前に見えていた景色とはぜんぜん違うんだ。見えるものぜんぶが、ものすごくやさしくて、ものすごく大切なものになるの。ほんとうに大切なことが何かわかるんだよ」

すべてがすごくやさしくて、すごく大切……。

まだ彼と会ったばかりの頃にも聞いた言葉だ。前に聞いたときもそうだったが、いまも私のなかの何かがゆさぶられるような気がする。小さな火が灯るような感覚があったりもする。これに関してまったく興味がわかないということではない。だが、どうしてもそれ以上に突っ込んで考えてみようという気持ちにはなれない。そもそもこのような話自体が、私の関心からは遠く離れた話でもあるのだ。

「そんなところで話は終わりかな」

私が目を向けると、

「まあ、一応、終わりって言えば終わりだけど、あとちょっとだけあるよ。このおこないと平和が勝手に広がっていくのを見守るんだ」

彼はにこにこして言った。

「広がっていく？　見守る？」

「うん。ほんとうは、広がっていくなんていうことは起きてなくて、もともとずっとあった平和が姿を現すだけなんだけどね。平和は大きくなったり小さくなったり、増えたり減ったりなんてしないから。でも、みんなの目には広がっていくように見えるんだ。でね、ほんとうのことが見えた人が、その広がりの中心になって見守っていくのか、広がりに加わって見守っていくのかは、人それぞれなんだよ。もし、キミがぜんぶ見えたら、どっちになるのかな」

「私？　ない、ない。どっちもないよ」

私は笑った。彼も笑った。

水色だった空が淡いオレンジ色に染まりはじめていた。また一機、旅客機がさっきよりもさらに低い位置を横切っていく。窓の一つひとつまではっきり確認できる。向こうもこっちが見えているのだろうか。どこからの帰航だろうか、海外からだろうか、国内だろうか。

思えば、私が最後に飛行機で旅行に出かけたのは、一度、廃業に追い込まれた会社を再びスタートさせる少し前だった。いまから二〇年近く前になるわけだが、感覚的には、もっともっとはるかむかしのことのように感じられる。行き先はハワイのカウアイ島。安価で宿泊できる宿を探した末、空港から遠く離れた、人のほとんどいないビーチの前にひっそり建つ小さなコンドミニアムを見つけた。妻と一週間のんびり過ごした。節約、節約の一週間だったが、いまになってみれば、それがかえって、取るに足らぬささいな出来事を、あの当時以上に輝かせているように感じる。

過去への思い、これから先への不安。過去とは何なのだろうか、未来とは何なのだろうか。

彼の答えはなんとなく予想できた。だが、訊いてみたかった。

「幻覚だよ」

やっぱり。

そして、彼はこうつづけた。

過去から未来につながる時間の流れが存在するのではなく、そこには、過去に何かがあったという思考があるだけ。未来に何かが起こるという思考があるだけ。過去や未来というはっきりした何かがあるわけではなく、つねに移り変わる現れがあるだけ。過去とはこういうもので、未来とはこういうものだと定義することはできないと。

さらに、

「大事なのは、幻覚だってわかった上で付き合っていくこと。なのにみんなは、幻覚だよっていうほんとうの方を見ないで、それがほんとうに起きてるって思って、そればっかり見ちゃうんだよ」

と彼は言った。

「でもさ、人は、自分のものを所有したり、人生の目標を達成したり、まわりからの影響を受けたりするよね。生まれ育った環境とか受ける教育によっても、そのあとの歩みはまったく違ったものになる。そんななかで、人はつねにもっとよくなることを求めて、みんなそれぞれに努力をしながら生きてると私は思うんだよ。そこには、過去とか未来があるよね？」

私がそう切り返すと、彼は、たしかに見た目にはそう見えるが、そうではなく、それも思考があとからつくったものに過ぎないと言った。なのに、それが実際に起きていて、しかも、それが自分に起きたと思っていれば、そこに大量の苦しみが生まれるのは当然のことだと。

人というものは、つねに移り変わりながら現れているだけの、実在ではないものに振り回されている。それらがただ起きているだけで、その影響を受ける個人は存在しないことがわかれば、その現れ自体が、私たちに影響を与えることは起こり得ないと彼ははっきり言い切る。そこにあるのは、過去・現在・未来という枠を超えた大きな力の表現だけであり、その表現は、つぎにどんなかたちになって現れるのか誰にもわからないのだと。

さらに、

「キミが何かをしてもしなくても、何かを考えても、なんにも考えなくても、ぜんぶ勝手に起きていくんだよ」

彼が言うので、

「でも、実際には、人がいて、物があって、大切なことがあって、それをないものとして扱うなんてことはできないなあ」

私が言うと、

「ないものにするなんてボクは言ってないよ。キミがどうこうする前に、ぜんぶ起きていくよって言ってるだけ。ずっとそういうふうになってるから。キミにどれだけたくさんの考えが浮かんだとしても、そのときにおこなわれるのは、たった一つのことだけ。それがぜんぶ勝手に起きるんだよ」

彼は静かに言った。

何か返事のしようもあるはずだと思うのだが言葉が出てこない。

「そこに現れる、なんにも欠けてなくて、なんにも足すもののない完成されたもの、それが幸せだよ。それを得るために大人は、何かをつかもうとするよね。何かを達成しようとするよね。でも、そんなことじゃないんだよ」

彼はそう付け足した。

そして、必要なのは、とどまることなく変化しつづける大きな力の表現に触れるだけだと彼は繰り返した。木はただあり、山はただあり、石もただある。道路も、建物も、ただある。そして、にわかには受け入れがたいことだが、そのすべてが変化しつづけていると言う。しかも、それは微妙な変化などではない。瞬間瞬間に変化しており、つねに動いているのだと。その変化のすべてが何の努力もなしにおこなわれている。人もそれとまったく同じだと言うのだ。人が何か努力をすることで変化していくのではない。すべてがただそうあるだけだと。

すべてがただそうあるだけ——。

彼の言葉が、というより、声の響きがしみわたるように私のなかに広がっていくのを感じた。

彼の話が理解できたわけではない。むしろ聞けば聞くほど手の届かないものを追いかけているような気にさせられる。何一つはっきりしないままと言ってもいいだろう。

にもかかわらず、どういうわけか、ときおり、清々しさのような、しみじみしたような妙な気分になることがある。もし、それ相応の人物に、それが悟りというものですよ、などと言われでもしたら、なるほどと誤って納得してしまいそうな、何かが抜け落ちたような感覚が現れることがあるのだ。

回線

もう以前のような、どうしようもない重苦しさが顔を出すことはなくなった。それでも不安定な日はそれなりにあり、行ったりきたりの状態からあと一歩抜け出すことができないまま、私は不安と焦燥のなかにいた。

そんなある日の午後、身内にある大問題が起きた。青天の霹靂《へきれき》とは、まさしくこのことだろう。もともとの私の状態が、青天と言えるようなものではなかったわけだが、強烈な霹靂であったことには違いない。

その晩、明け方近くまで話し合いはつづいた。私は問答無用でその問題に向き合わざるを得なくなった。自分の精神状態がどうだの、虚無だの、喪失感だの、そんなことを言っていられる立場ではなくなったのだ。仕事にも戻る必要があった。言い訳など通用しない。甘える場所などどこにもありはしない。体裁などどうだってかまいやしない。このとき、私は知らず知らずのうちに自分を捨てることになったのではないかと思う。これも彼が言う大きな力によるものなのだろう。

ただ思うに、もしこの状況があのどん底の時期に起きていたら、と考えると空恐ろしい。何がどうなっていたかわからない。少なからず回復の兆候が見え隠れしはじめた時期だったことに救われたと言える。これもまた大きな力の働き、というわけか。

翌日から私は、文字通り朝から晩まで駆けずり回った。情報を集め、人に会い、話を聞いた。

そうしてあっという間に三週間ほどがたったある朝のことだった。私の脳裏にある感覚がよぎった。

闇は終わった、と感じたのだ。身内の問題のことを指しているのではない。この問題との付き合いは、これから何年もつづくだろう長距離走だ。終わったと感じたのは、ずっと私から離れようとしなかった泥沼のような闇のことだ。終焉の感覚は確信に近いものだった。

これまでは、たとえ幾らか気分がいいときでさえ、靄《もや》がかかったような重たい空気に包まれていた鳩尾《みぞおち》の辺りが、得も言われぬ軽さで満たされ、それが全身に活力を送り出しているように感じる。気持ちがどうこうというよりも、体を動かしたくて仕方がない。そして何より、あの暗い日々を何の怯《おび》えもなしに過去の遺物として思い起こせていることが、平癒の訪れを示すこれ以上ない証《あかし》だろうと思えた。

静かな高揚感を胸に、私はしばらくぶりに公園に足を向けた。あの日以来、一度も公園を訪れていなかったのだ。

たったの三週間ぶり。景色も様相も前のまま。以前とは違う軽やかな気分が、景色まで違って映し出すようなこともない。何一つ変わらないようすがあるだけ。私はいつものベンチに腰を下ろし、いつものように彼を待った。一〇秒が過ぎ、二〇秒が過ぎる。一分がたとうとしても彼が現れない。

私はうろたえた。気を取り直し、とりあえず深呼吸をしてみる。目をつぶってみた。蝉たちの鳴き声が響いてくるだけ。彼の姿を思い浮かべても、イメージをしてみても、胸のなかで声をかけてみても、何をどうやっても彼が姿を見せることはなかった。

そういうことか……。

私はどこともなしに目をやりながら、彼がいた日々にぼんやり思いを馳せた。

しばらくすると、年齢のばらばらな小学生数人がサッカーボールを持って現れた。年長らしき二人が、両サイドに手際よくゴールの目印をつくると、四対四に分かれてゲームをはじめた。子供たちのにぎやかな声が、殺風景だった午後の公園をにわかに彩った。私は、背もたれに体を預け、大空を仰いだ。息が一つ漏れた。

六年近くにわたって私を苦しめつづけた底なしの暗闇が姿を消す最後の引き金となったのは、皮肉にも、突然襲ってきた身内の大きな問題だった。だが、それに対処できるところまで回復する下地をつくったのは、まぎれもなく彼と過ごした時間であり、彼の笑顔であり、彼の笑い声だったと私は信じて疑わない。もしそれを彼に言えば、「たまたま治る時期が重なっただけだよ」と一蹴されるに決まっているが。

いずれにしても、私は妄想のなかでしばらく遊んだということだ。それがとりあえず終わったのだ。とりあえずという言い方をしたのは、目の前に現れようと現れまいと、彼は変わらず私の記憶のなかにいるからだ。その彼は、表紙の角が擦り切れた古いアルバムに収められている数々の写真よりもはるかに鮮明で、かつ、たしかなものとして私の胸のうちに刻み込まれている。

いまも耳に残る彼の笑い声を直接聞くことができなくなったことに、一抹の寂しさがないと言えば嘘になる。馬鹿げた話に聞こえるかもしれないが、実際にそうなのだから仕方ない。ひょっとしたら、これも病の名残なのか、などと思ったりもする。

いま唯一たしかなことは、私が胸のなかでどれだけ彼を呼び出そうとしても、現れないものは現れないということだ。

そうであるべきだから、そうなっている。そして、すべてがただそうあるだけ。

これは、彼の話のなかでもとくに印象深く残っている言葉の一つだ。シンプルな物言いだが、私はすこぶる気に入っている。彼が言うには、ほんとうはすべて私が知っていることらしいのだが、残念ながら、いまもって、当の私には皆目何のことやら、という感覚でしかない。それも、そうであるべきだから、そうなのだろう。

同じように、印象深い話がある。それは、私たちが現実だと思い込んでいるこの世界は、幻覚だという話だ。さらに彼は、もし幻覚から抜け出したように見えても、そこもまた幻覚なのだと言った。

それを聞いて私が、

「じゃあ、幻覚から抜け出せるっていうことはないの？　あるんだよね？」

と訊けば、

「あるよ」

と言うので、

「どうすれば？」

と尋ねれば、

「幻覚のなかにいるんじゃなくて、幻覚を丸ごとのみ込んじゃえばいいんだよ」

などとわけのわからないことを言う。

それから、これもまたどうにもつかみどころのない話だが、なぜか強く印象に残っている。彼はこんなふうに言った。

たとえば、それを風と呼んだとしても、実際には、そこに風と呼べるような実体はない。ただその現れがあるだけで、風を表現しろと言われても、決まった要素を持たないそれを言い表す方法はないのだと。

では、木はどうなのか。木には実体があるように見える。だが、それも見えたという認識が起きた時点で思考の創作物となり、そこに実体を見つけることはできない。そこには、ただつぎつぎに変化しながら現れてくる現象らしきものがあるだけであり、それを定義することはできないと彼は言うのだ。

あらゆる現象に実体はなく、すべては、ただ起きるべきことが起きているだけ。そして、それを証明する手立てはないと彼は繰り返し言った。

こんな話を聞いて、まったくその通りだね、などと言えるはずがない。

「証明もできないことを、はいそうですね、なんて受け入れられない」

私が言い返すと、

「大人って、裏付けとか納得できる理由が大事なんだよね。ていうか、それぱっかり探してるんだ。だから大切なことが見えないんだよ」

と半分呆れた顔をして言ったりする。

また別の日には、彼はこんな話もした。

人間も、物も、自然も、思考も、行動も、あらゆるものが同じ本質を持つ現れなのだと。それは、現れそのものをよく見てみれば明らかだと。明らかでありながら、その本質自体を説明することはできない。そして、説明することのできない本質の一表現であるすべての現れも、言葉で定義できるような要素を見つけることはできないと。

私からしてみれば、いったい何を言っているのやら、という言葉しか出てこない。まさしく雲をつかむような話だ。
「考えれば考えるほどわからない」
私が文句を言うと、
「考えるからわからないんだよ」
などと言って、からかうように笑ったりする。

こんな具合に彼が、私の問いかけや疑問に対して説明をしようとしなかったり、一笑に付すようなことが幾度となくあった。そのときは苛立ったり、反発心がわき上がったり、あきらめたりと、その都度、いったいどちらが子供かわからぬような対応をしたが、いまのいまになって感じることがある。

彼が理屈や根拠のようなものを話さなかったことが、逆に、私に何かを思い出させようとしているような気がしてならないのだ。何かが引っぱり出されてきそうな、そうでないような。

それと、つい最近になって気づいたことがもう一つある。それはこうだ。

たとえば、私が「これってどうなの?」と訊いたとき、彼は「ない、ない」とか「気のせい、気のせい」と笑って答えたものだったが、よくよく思い返してみると、彼がそのような考えそのものを、「あってはならない」というふうには言っていなかったような気がするのだ。

つまり、彼は、もしそれが気のせいだったとしても、それが考えに出てきたのなら、それはそれとしてあっていいと言っていたのではないかと思うのだ。出てきたものはあっていい。そんなことなのではなかろうかと。

もしすべてがそうであるなら、あってはいけない、ということは消え、すべてがあっていい、ということになりはしないか。

彼に言ったら、いったい何と答えるだろうか。

これから先、また彼とまみえることがあるのかどうかはわからない。いまの私の感覚では、多分もうないだろうと思う。だが万が一あるとしたら、そのときはいつの時代の私が現れるのだろうか。今回と同じ小学四年生の私なのか、それとも、もっと幼い私だろうか、青年の私だろうか、はたまた壮年を迎えた私だろうか。楽しみといえば楽しみだ。いい年をした大人がこんな幻覚を楽しみにしていてどうする、などと思いもするが。

いずれにせよ、言えるのは、何がどうあろうと、彼とは決して切れることのない何かの回線でずっとつながっているということだ。

追伸

彼が現れなくなってから一年二か月あまり、私は時間の経過というものがはっきりしないまま、正体不明の軽さのなかにいるわけだが、少し前から、また新たに奇妙なことが起きている。自分の体が、私が思うより先に動き出している感覚があるのだ。そのうち消えるだろうとそのまま放っておいたのだが、消えるどころか日ごとに強くなっている。思考も同じらしい。

私はいま、これがただの気のせいなのか、それとも事実なのか、自分なりにあれこれ工夫しながらたしかめているところだ。これが、彼の言う〝ほんとうのこと〟と関係するのかどうなのか、私にはわかりはしないが、奇《く》しくも、彼がよく口にしていた〝自分でたしかめる〟ということをいつのまにかやっていたというわけだ。笑ってしまう。

何を期待しているわけでもないが、面白半分につづけている。

あとがき

五冊目の内容を考えはじめたとき、すぐに今回は物語性のあるものにしようと思い立ちました。物語とはいっても、登場人物は、真理を話す少年と、それを聞く者であると同時に、物語全体の語り手でもある主人公の二人の会話だけですすんでいく、ごくごくシンプルな設定です。

話は、長い長いうつから脱した主人公の語りで幕を開けます。

そこから時を遡《さかのぼ》り、まだ苦しみの真っただ中にある主人公が、少年時代の幼い自分に出会い、物語が動き出します。もちろん、少年は主人公の幻覚です。

この少年が主人公の悩みや疑問に答えていくわけですが、少年は、自分がする話は、ほんとうはぜんぶ主人公が知っているはずのことだと言います。けれども、聞く主人公にしてみると、知っているどころか、まったく理解のおよばない話ばかりです。

この物語のポイントは、主人公が、少年の話をいくら聞いても、一向に理解がすすまず、結局、最後まで理解するには至らないというところにあります。主人公が真理への理解を次第に深めていくという物語にはなっていません。最後の最後に、将来、主人公に何かが起きるだろうことが示唆されていますが、それは理解によって起こるのではありません。

そもそも、主人公はこのようなことに関心がなく、自分が目覚めるなどということは考えも望みもしていません。ですから、話を理解しようという気持ちが、はじめからあまりありません。少年と過ごす時間を楽しみ、ただ話をおもしろがって聞いているだけです。

私がこの物語でもっとも大切にしたのは、主人公が真理について理解をしたわけでもないままに、いつのまにか根拠のない軽さに包まれているところです。ノンデュアリティの体現は理解や理屈ではない、という一つのメッセージでもあります。そんなことから、会話のなかで、真理が見えるようになるにはどうしたらいいのか、ということに関しての記述は、少年がたびたび口にする「自分でたしかめて」ということ以外、ほとんど出てきません。

では、主人公に軽さのようなものをもたらしたのは、いったい何だったのか。

それは、主人公の、少年に対する無条件の信頼のようなものです。少年がする話そのものへの信頼と言い換えることもできます。物語のなかでは、このことを主人公が明確に気づいているわけではありません。少年との友情にも似た絆のようなものをおぼろげに感じているだけです。それが結果的に、言葉を超えた何かを主人公に伝えることになっているのですが、当の本人にその自覚はまったくありません。そんな主人公のようすが見え隠れしながら物語はすすんでいきます。


理解や理屈をあまり重要視しない表現の一つとして、会話のなかで少年が、真理について語りはしても、あれこれ説明をしなかったり、主人公が質問をしても、何も答えずに無視してしまうような場面もあります。また、主人公がこのような話自体に関心が低く、真理を知りたいという気持ちが希薄なため、質問をしてもよさそうなところなのに、そのまま流してしまうという場面もあります。

読者のみなさんにしてみれば、もっとくわしく聞きたい、知りたいと思うかもしれません。けれども、そこがノンデュアリティや解放といったことを知ろうというときに注意が必要なところでもあります。

言葉の上で理解をするというのは、真理を概念としてとらえることであり、もし、どれだけ多くの概念を知識として持っていたとしても、それが実生活としっかり結びついていなければ、概念は、空気の入っていない救命ボートのようなものになってしまいます。役に立ちません。

話を聞くというのは、じつは〝言葉ではないもの〟を受け取るためなのです。たとえば、本ならば、文字の印刷されていない白い部分、音声ならば、言葉が途切れた無音の場所にこそ、もっとも大切なことが隠されています。メッセージを受け取り、メッセージの〝隙間〟をとらえることです。

少年が質問に答えなかったり、主人公が掘り下げて訊こうとしないのは、そのことを暗に示したものでもあるわけです。

また、本書は小説の形態をとっていますが、あくまでもノンデュアリティの指南書として書かれたものです。本文中には、ノンデュアリティや解放といったこととは、一見、関係ないように感じられる、エピソードや心理描写や情景描写なども多く出てきますが、じつはこれらのなかにも、大切なことが数多く埋め込まれています。つまり、メッセージのすべてがそのままの文字では書かれていないということです。

読み返す折には、ぜひそれらを宝探しのように楽しんでみてください。感覚の磨かれ方に応じて、「あ、これは○○のことを言っているんだ！」と気づける箇所が増えてくるでしょう。

そのときも、そこで見つけたものを言葉としてとらえるのではなく、その奥にある何かに触れることです。言葉は、もっとも〝大切なもの〟の手前にある単なる〝扉〟に過ぎないということを忘れないでください。

先にもお伝えした通り、少年は主人公の幻覚です。物語のなかで主人公自身も、そのことを忘れてはいません。自分がいるこちら側が現実であり、スクリーンの向こう側は幻覚であり虚構であることを疑いません。読者のみなさんもそのように読みすすめたことでしょう。

じつはそこに、とても頑固な先入観や固定観念が居座っており、それが真実を覆い隠しています。多くのみなさんは、自分がまさに体験している世界を、疑うことなく現実であると信じていますが、それこそが幻覚なのです。

その幻覚の世界から抜けられずに、一つの幻覚からつぎの幻覚へ、さらにつぎの幻覚へと終わることのない旅をつづけています。そのほとんどが、背負わなくていいはずの苦しみという大きな荷物を背負った旅です。

それが幻覚であるということをはっきりと見届けたときにはじめて、その正体がわかります。幻覚は幻覚として真実を表していたのだと。


多くのみなさんは、このような話を聞いて、絶対的な真理のようなものにたどり着こうとします。でも、それは違います。絶対的な真理なるものは、しょせん、言葉です。概念です。さきほども言った〝大切なもの〟の手前にある〝扉〟に過ぎません。〝扉〟を眺めているのではなく、開けてなかに入ってください。

そこにある〝大切なもの〟とは何か。

それは、リアルな実生活です。

たどり着くべきは、絶対的な真理などという得体の知れないものではありません。変化しつづける実生活そのものです。それこそが真理です。

一人でも多くのみなさんが幻覚の重たい旅に終わりを告げ、ほんとうの意味で〝ちゃんと生きていく〟ことを知り、その喜びを存分に味わいながら、一歩一歩すすんでいけるようになることを願っています。

それは本来、これ以上ないほど自然なことであり、言葉の理解や解釈の先にあるものなどではありません。いつもあなたの目の前に、すべてを開け広げてその姿を現しています。曇った眼鏡をはずしさえすれば、誰もが気づき得ることなのです。

著者紹介 ……………………………………………………………………

金森 将（かなもり・しょう）

東京都練馬区出身。30歳を過ぎて願望実現にはまり、40歳を過ぎてケーキ店を持つ。50歳を過ぎて生き方に行き詰まり、あらゆる願望を投げ捨てたある日起きた突然の空白。波のように押し寄せる“気づき”の中身を綴ったブログが人気となる。その後、ノンデュアリティをわかりやすくひも解くウェブ上の幼稚園『ノンデュアリティかなもり幼稚園』を設立。園長としてその活動の場を広げている。愛妻家。元サーファー。著書『バタ足ノンデュアリティ』『ノンデュアリティって、「心」のお話じゃないんですよ！』『くり返し触れたい《バタ足》メッセージ373選』『ぜんぶが夢で、ぜんぶがホント』（すべてナチュラルスピリット）。

ウェブサイト
『ノンデュアリティかなもり幼稚園』
https://kanasho.amebaownd.com/

ただそうあるだけ
“彼”が教えてくれたこと

●

2024年11月11日　初版発行

著者／金森 将

装幀・本文デザイン・DTP ／ Dogs Inc.
編集／西島 恵

発行者／今井博揮
発行所／株式会社 ナチュラルスピリット
〒101-0051 東京都千代田区神田神保町3-2 高橋ビル2階
TEL 03-6450-5938　FAX 03-6450-5978
info@naturalspirit.co.jp
https://www.naturalspirit.co.jp/

印刷所／創栄図書印刷株式会社

ISBN978-4-86451-494-1 C0010